本书为上海家庭教育研究市级规划课题"新时代家校协同的初中生爱国主义教育实践研究"（课题编号220304）的阶段性成果

U0367450

中学立德树人协同机制研究

曹令先　著

上海交通大学 出版社
SHANGHAI JIAO TONG UNIVERSITY PRESS

内容提要

　　本书对中学立德树人工作进行了历史溯源，梳理党的立德树人理念演进，并对新时代立德树人创新思维进行阐述。本书在总体现状分析的基础上，分析中学立德树人成效与存在的问题，剖析百年老校育人案例，借鉴其立德树人协同经验，结合新时代要求，从制度设计、体系建构、路径拓展等维度，提出中学立德树人协同机制优化策略。

　　本书适合中学教师以及教育工作者参考阅读。

图书在版编目（CIP）数据

　　中学立德树人协同机制研究 / 曹令先著. — 上海：
上海交通大学出版社，2023.12
　　ISBN 978 - 7 - 313 - 29977 - 2

　　Ⅰ.①中…　Ⅱ.①曹…　Ⅲ.①中学—德育工作—研究
Ⅳ.①G631

　　中国国家版本馆 CIP 数据核字（2023）第 237378 号

中学立德树人协同机制研究
ZHONGXUE LIDE SHUREN XIETONG JIZHI YANJIU

著　　者：曹令先
出版发行：上海交通大学出版社　　　　地　　址：上海市番禺路 951 号
邮政编码：200030　　　　　　　　　　电　　话：021 - 64071208
印　　刷：苏州市古得堡数码印刷有限公司　经　　销：全国新华书店
开　　本：710mm×1000mm　1/16　　印　　张：9.25
字　　数：146 千字
版　　次：2023 年 12 月第 1 版　　　　印　　次：2023 年 12 月第 1 次印刷
书　　号：ISBN 978 - 7 - 313 - 29977 - 2
定　　价：69.00 元

前　言

　　培养什么样的人,是教育的首要问题。党的二十大报告强调全面贯彻党的教育方针,落实立德树人根本任务,培养德智体美劳全面发展的社会主义建设者和接班人。党的领导人围绕坚持立德树人根本任务作出一系列重要论述,明确要求把立德树人的成效作为检验学校一切工作的根本标准,作为学校教育的立身之本和学校工作的中心环节。培养社会主义建设者和接班人成为新时代学校加强和改进育人工作的根本方向,它不仅进一步明确中学育人的内涵、目标、内容、任务,并且在实践层面提出立德树人体系化、协同化建设的现实要求。因此,本研究从立德树人的本质规定出发,在实证调研的基础上分析、把握现状与问题,进而按照协同育人要求,提出优化中学立德树人机制的策略建议。

　　本书在绪论基础上,分别阐述立德树人的理论基础、历史演进、现状研究、问题分析、基本经验和机制优化等,一共有七个部分。绪论部分介绍问题提出的背景、研究现状和研究方法;理论基础部分阐述立德树人是对马克思主义人学理论的深化和发展,是从传统中国文化发轫而来,经过不断汲取营养与内化升华,并在党的历次教育方针和培养目标的调整与发展中,获得充分的生长意蕴,具有时代精神理论品质;历史演进部分系统地对中学立德树人工作进行历史溯源,梳理党的立德树人理念演进,并对新时代立德树人创新思维进行回顾;现状研究通过概括阐述,分析中学立德树人成效和调查呈现的问题;问题分析基于德育系统性与实践性研究,指出中学立德树人协同存在的不足;基本经验以百年老校的育人做法为案例,总结立德树人协同经验;机制优化部分,从制度设计、体系建构、路径拓展等维度提出立德树人协同机制优化策略。

本书主要成果和创建,突出体现在基于德育系统性理解,提出适应新时代育人要求的"大德育"理念和立德树人协同机制,通过理论研究与实践分析,运用调研和典型个案方法,研究提出学校与社会协同、家庭与学校协同、学校不同德育队伍协同的中学立德树人协同机制建构策略。本书可供中学德育教师队伍和关注家庭教育的家长使用。

目　录

绪　　论

立德树人是学校教育的根本任务，中学阶段正是青少年世界观、人生观、价值观塑造的关键时期，德育工作作为学校重心工作，必须常抓不懈。立德树人是全社会与学校各方面合力推进的系统工程，需要整合资源力量，统筹协同学校、家庭、社会、网络，坚持学校教书育人、管理育人、服务育人、环境育人、活动育人，真正助力学生全面成长。

一、研究缘起

全国教育大会强调"深化教育体制改革，健全立德树人落实机制"，并指出"办好教育事业，家庭、学校、政府、社会都有责任"。《国家中长期教育改革和发展规划纲要（2010—2020 年）》提出："树立系统培养观念，推进大中小学有机衔接，教学、科研、实践紧密结合，学校、家庭、社会密切配合，加强学校之间、校企之间、学校与科研机构之间合作 以及中外合作等多种联合培养方式，形成体系开放、机制灵活、渠道互通、选择多 样的人才培养体制。"《关于深化教育体制机制改革的意见》要求："系统推进育人方式、办学模式、管理体制、保障机制改革，使各级各类教育更加符合教育规律、更加符合人才成长规律、更能促进人的全面发展，着力培育德智体美全面发展的社会主义建设者和接班人。"并明确"健全立德树人系统化落实机制"。之后，教育部也多次下发文件强调，国家教育改革与发展的方向与目标要聚焦根本任务，系统协同推进立德树人。基于此，"立德树人协同机制"的概念得以生发，进而启发探讨"怎样系统性地培养人"的方向与目标。由于立德树人贯穿大中小学各级教育，贯穿基础教育、职业教育、高等教育各个领域,本研究选择"中学"这一定位,一是力求论题的聚焦,二是中学在立德树人中的地位使然,中学阶段是学生"三观"形成的关键时期。而"立德树人协同机制"提出本身有其深刻的现实背景,直指当下学校立德树人中存在一个实践性问题,校内外各种教育力量相对分散,还没有为立德树人这一共同目标的实现而形成协同合力。

中学立德树人协同机制的研究具有重要理论价值。党中央站在党和国家建设的高度阐释立德树人的要义和要求,为育人事业战略性发展提出更高期待。"把立德树人融入思想道德教育、文化知识教育、社会实践教育各环节"的要求,指明落实立德树人根本任务、全面贯彻党的教育方针、形成以"育人"为核心的教育方向。党的二十大报告阐明新时代立德树人的社会环境和定位指向,有利于提高思想政治教育站位,拓展思想政治教育格局视野。其中新表述、新概括、新论断,为立德树人实践运行提供了新思路,对于健全体制机制、完善工作体系、创新工作机制具有重要意义①。

中学立德树人协同机制的研究具有重要实践价值。健全立德树人协同机制,关键在于符合教育规律,这关涉到教育体制、教育制度、教育管理的关系。立德树人依托于学校、社会、家庭三者之间的共同合作,离不开全方位教书育人、管理育人、服务育人、环境育人、活动育人。本书相关研究有助于促进一线教师反思自身的教育实践,可以给管理者提供指导实践的参考,帮助管理者认识和分析自己学校存在的问题和面临的挑战,更好拓展德育工作路径,从而促进中学生成长成才。

二、文献综述

本书的研究对象为中学立德树人协同机制,所以本书的文献综述包括关于立德树人与协同机制的研究和关于中学德育工作的研究,并对这三类文献进行整理和分析,对搜集到的文献进行分类整理,并对不同类别中具有代表性的文献进行归纳和综述。

---

① 代玉启,于小淳.党的二十大报告赋能思想政治教育的三个维度[J].思想教育研究,2023(02):30-34.

（一）关于立德树人

1. 关于立德树人的界定

立德树人的基本内涵包括"立德"和"树人"两个方面，须厘清"德—人"之间的关系，立德树人，是中华优秀传统文化构成的魂之底色、育之方式和精神支撑，从中华民族历史出发不同时期下对"立德"里"德"的内涵结合"树人"中个人与国家两个层面下的"人"分别进行阐释，了解立德树人在不同时代背景下不同主体下德育的历史演进。

先秦时期，《左传·襄公十四年》载："太上有立德，其次有立功，其次有立言。虽久不废，此之谓不朽。""立德"地位之高，意为个体的立德有高尚的道德品行才是生命永恒的前提，其次是国家建立功勋而事业不朽的"立功"，最后是"立言"。这一思想充分说明"立德"是中华民族志士仁人的最高价值追求。而后在春秋时期的《管子·权修》中开始提及"树人"一词，"一年之计，莫如树谷；十年之计，莫如树木；终身之计，莫如树人。一树一获者，谷也；一树十获者，木也；一树百获者，人也。"突出强调人才培养的长期性与价值性，从社会和国家层面对人才培养的目标做概括。我国古代第一部主要论述教育的著作《学记》中指出"建国君民，教学为先"，强调"君子如欲化民成俗，其必由学乎"，明确提出了教育除了让人具备"知进退、懂取舍"等个人修养之德以外，理解社会规范，并培养具有立学为民、治学报国意识的社会公民也应当是教育所承担的责任[①]。由此可见，立德树人在中国古代不仅包括个人层面的个体德行的要求，也涉及政治统治者、对社会及国家层面的德行规范。

先秦儒家继承并发展周公的敬德思想，孔子把道德教化的政治功用提升到了"德治"的高度，强调"道之以政，齐之以刑，民免而无耻，道之以德，齐之以礼，有耻且格"。孔子在政治上主张"为政以德"，主张德政、仁政，告诫世人只有正其身才能正天下，"为政以德，譬如北辰，居其所，而众星共（拱）之"（《论语·为政》）。"苟正其身矣，于从政乎何有？不能正其身，于正人何？"（《论语·子路》）从"神德"到"政德"再到"民德"，道德约束的主体逐渐下移，范围逐渐大众化，但是无论如何，"政"和"德"的关系依然十分紧密，形成传承千年的传统。

---

① 李晓华，袁晓萍.高校立德树人的时代内涵和实践路径[J].高等教育研究，2018（3）：70-73.

近代以来,中华民族面对内忧外患,许多仁人志士救亡图存,寻找国家出路。以"救亡图存的启蒙精神"统摄的"立德树人"的意义建构在近代中国社会发生了巨大变化,传统道德中的忠孝、仁爱、信义、和平等规范的指向转变为革命民主主义,赋予新的内涵,但是这种主张同样具有一定的局限性,还存留封建道德的残余思想。

新时代,我国学者对立德树人的内涵研究进一步丰富。刘娜(2014)指出将"立德"和"树人"紧密结合建构全面的目标体系,主要分为三个层次:有德之人、专业人员以及个性之人[①]。李晓华(2018)指出立德树人必须坚持为实现培养建设者和接班人的历史任务,立德树人必须坚持马克思主义为指导的政治方向,坚持用社会主义核心价值观引领价值取向[②]。黄莉(2023)指出新时代党的教育方针更加突出立德,把立德树人融入教育各环节,贯穿教育各领域和各阶段,学科体系、教学体系、教材体系、管理体系要围绕"立德"来设计,教师围绕"立德"来教,学生围绕"立德"来学[③]。

2. 关于立德树人的理论研究

立德树人理论与我国古代儒家思想中的道德教育理论一脉相承。孔子的立德树人理念中仁是人的本质,"仁"是一种道德情愫、道德理性、道德规范,是最高的思想道德境界。汉代董仲舒等继而提出"仁义礼智信"的"五常",在孟子"四德"基础上,增加一个"信"德,表明当时社会发展对信德之需要。同时,立德对象的重心也真正从君主下行至平民,从"正君心"向"正万民"的转向表明了立德树人开始从"政德"转移至"民德",从汉朝开始,百姓的道德规范问题、优化民风民俗作为教化的大事,受到高度重视。至唐代开始注意以"孝、廉"治天下,推行"举孝廉"选拔官吏的制度后,"孝"也再次以显著的优势逐渐渗进古代道德教化之中。宋代在总结以往道德建设与发展的基础上,提出"孝悌忠信礼义廉耻",前四德源于《论语》,后四德取自管仲的"四维",这"八德"影响后世至今。

新中国成立以来,毛泽东思想成为立德树人研究的思想基础。新中国成立之初,广大人民群众对中国共产党还停留在表层的感性认识上,《共同纲领》成

---

① 刘娜,杨士泰.立德树人理念的历史渊源与内涵[J].教育评论,2014(5):141-143.

② 李晓华,袁晓萍.高校立德树人的时代内涵和实践路径[J].高等教育研究,2018(3):70-73.

③ 黄莉.育人的根本在于立德[J].红旗文稿,2023(2):40-43.

为新中国第一个政府的施政纲领,其中提倡爱祖国、爱人民、爱劳动、爱科学、爱护公共财物为人民公德。这种社会公德加重政治色彩,逐渐转变为"以为人民服务"为中心的政治观点和专业知识、技能。党的十一届六中全会《关于建国以来党的若干问题的决议》中明确提出"坚持德智体全面发展,又红又专,知识分子与工人农民相结合,脑力劳动与体力劳动相结合的教育方针"的新时期的"又红又专",就是把学习科学技术和坚持四项基本原则结合起来。重申新时期的育人方向,"立德树人"被相继纳入"十三五规划"和《中华人民共和国教育法》。

新时代,党中央坚持把立德树人作为中心环节。全国教育大会明确"坚持把立德树人作为根本任务","把立德树人融入思想道德教育、文化知识教育、社会实践教育各环节,贯穿基础教育、职业教育、高等教育各领域"[①]。党的领导人对"立德树人"作了深刻分析和创新论述,明确回答了新时代"立什么德、树什么人,怎么立德、怎么树人,以及立德树人之间的关系"等一系列问题[②]。所谓立德,即立大德、功德、私德,要求"明大德、守公德、严私德"[③]所谓树人,即"培养德智体美劳全面发展的社会主义建设者和接班人"[④],把如何落实"立德树人"概括为六个方面的要求。

3. 关于立德树人的协同机制研究

陈辉(2013)、周如东(2014)对立德树人协同机制问题作了较早探索,主要关注政策文件解读与整体性描述。姜朝晖(2017)、刘吉林(2017)围绕健全立德树人协同机制,对深化教育体制机制改革文件提出的概念做了阐述。邹艳辉(2018)将空间转向概念和共同体概念引入立德树人体系,为此问题研究开启了新视界和新思路。其他一些类似或相似研究,更多限于思想政治教育或德育领域,对于立德树人系统性与协同机制专题研究不太多。叶澜教授的"系统育人"和"系统教育力",给立德树人协同机制研究带来了新的概念和视野。她提出,"系统教育力"是由"系统社会教育力"和"个体社会教育力"两大层面组成。在

---

① 习近平.坚持中国特色社会主义教育发展道路培养德智体美劳全面发展的社会主义建设者和接班人[N].人民日报,2018-09-11.
② 姜纪垒.立德树人:中国传统文化自觉的视角[J].当代教育与文化,2019(1):12-17.
③ 习近平.在北京大学师生座谈会上的讲话[N].人民日报,2018-05-03.
④ 习近平.坚持中国特色社会主义教育发展道路培养德智体美劳全面发展的社会主义建设者和接班人[N].人民日报,2018-09-11.

社会系统层面上,以不同系统作分析单位,以及作为社会全系统所具有的社会教育力。还有学者关注到立德树人队伍重要性,韩进(2023)着眼于立德树人的教师师德,引导教师争做"言为士则、行为世范"的"大先生",不断夯实教师的教育家素养;同时要坚持多措并举,打造高素质专业化创新型教师队伍,不断增强教师重视教育教学研究的创新素养。提出要强化支撑,构建体系化的教师职业保障机制,保证教师安心热心舒心静心从教①。

(二)关于中学德育工作

1. 新中国成立前根据地中学德育工作研究

革命时期,中国共产党根据地部分学校开设了思想政治课。1929 年,广西革命根据地创办的广西劳动第一中学,开设了"革命理论"课;1933 年在川陕根据地创办的工农中学,讲授了"革命三字经""红色战士丛书"等内容。中国共产党正式在中学设立德育课程,始于抗日战争时期。《晋察冀边区中学暂行办法》就明确规定中学开设"政治常识""三民主义与统一战线""时事政策"等课程;《陕甘宁边区暂行中学规定草案》也规定,初中开设"公民知识",高中开设"社会科学概论""哲学"。在解放战争时期,各解放区人民政府和教育行政部门所创办的学校也较好地开设了思想政治课,开设有"政治常识""公民""政治学""民主建设""中国革命""新民主主义论""民主政治""青年问题""社会科学""中国现状""世界现状""人生观"等课,为新中国中学德育课程与教学实践的发展提供了丰富的经验。

2. 新中国成立后至 20 世纪末的中学德育工作分期研究

以中学德育课程发展特点为主要划分依据,新中国成立后我国中学德育工作大体经历了五个阶段②。

1)中学德育工作初创时期

这一时期主要是 20 世纪 50 年代。新中国成立之初,第一次全国教育工作会议决定取消原有的"公民""党义"等课程,各地对学生开展党的政策和形势教育。1951 年 6 月,教育部统一了中学德育课程的名称。1952 年起,先后开设了

① 韩进.聚焦立德树人根本任务建设党和人民满意的一流教师队伍[J].党建,2022(08):11−13.
② 任园,陈宁.改革开放 40 年中学德育课程回顾与展望[J].思想政治课教学,2018(12):4−8.

"青年修养""中国革命常识""共同纲领""社会发展史""政治常识""社会科学基础知识"等课程。1959 年 7 月,教育部颁发《中等学校政治课教学大纲》,规定中学各年级开设"道德品质教育""社会发展简史""中国革命和建设常识""政治常识""经济常识""辩证唯物主义常识"等课程。这是新中国成立后我国颁布的第一个全国性中学政治课教学大纲,它的颁布标志着中学德育课程及其体系基本建立。

2)中学德育工作的加强和发展时期

这一时期主要是 20 世纪 60 年代初期。在中学德育课程建设上,1961 年,教育部颁布了《关于改进中等学校政治课教学的意见》,对 1959 年的教学大纲做了必要的修改。根据 1959 年的大纲和 1961 年的《意见》,1964 年教育部组织编写了全国统一试用的教材,并被相继使用,中学德育课程建设得到了一定程度的加强和发展。

3)中学德育工作曲折探索与重建时期

"文化大革命"的 10 年,中学德育工作与研究处于低潮和曲折探索时期,1978—1986 年逐步开始中学德育工作与研究的重建。《全日制十年制中小学教学计划试行草案》颁布,这是新中国成立以来在国家教学计划内第一次明确规定设置德育课程,教育部规定初一开设"社会发展简史"课,初二、初三开设"科学社会主义常识"课,高一开设"政治经济学常识"课,高二开设"辩证唯物主义常识"课共四门德育课程。1980 年,颁布的《关于改进和加强中学政治课的意见》明确中学政治课的地位和任务,改进课程设置,编写教材,初中一年级开设《青少年修养》,初中二年级开设《政治常识》,初中三年级开设《社会发展简史》,高中一年级开设《政治经济学常识》,高中二年级开设《辩证唯物主义常识》[①]。1985 年,中学德育工作步入重大改革时期。为了强化思想政治课的德育性质,1985 年 8 月,中共中央发出了改革通知,《关于改革学校思想品德和政治理论课程教学的通知》里小学、中学、大学等要根据不同的马克思主义思想品德和政治理论课的主要内容和要求进行改革。次年 3 月,国家教委又颁布了《中学思想政治课改革实验教学大纲(初稿)》,规定中学思想政治课程设置方案从初一到高三分别为:"公民""社会发展简史""中国社会主义建设常识""共产

---

①　张晓. 回顾与思考:30 年我国德育课程设置价值取向的变迁[J]. 教育导刊,2008(12):11 - 13.

主义人生观"（后改名为"科学人生观"）"经济常识""政治常识"。随后,根据改革实验大纲组织了新教材的编写,并开始在教材建设上实行"一纲多本"。

4)中学德育工作逐步规范化发展时期

这一时期主要是 1987—1997 年。1988 年《中共中央关于加强和改革中小学德育工作的通知》明确中小学德育工作的指导思想、任务及功能。同年颁布的《中学德育大纲》中明确了中学德育工作的基本任务。1992 年国家教委在总结改革实践经验的基础上,重新制定颁发了《全日制中学思想政治课教学大纲（试用稿）》,各年级不再分设具体课名,统称"思想政治"课。至此,初中已经建构完成以公民素质教育为内容的课程体系,高中已经建构完成以经济常识、政治常识、哲学常识为内容的课程体系。1994 年 8 月,中共中央下发《关于进一步加强和改进学校德育工作的若干意见》《爱国主义教育实施纲要》整体规划学校的德育体系,通过德育课程、教学大纲、教材、读物,教育和管理方法,学生思想品德表现的评定标准及方式等具体指导教育教学,这是中学德育课程改革历程中又一个重要的纲领性文件。1995 年《关于进一步加强和改进中学思想政治课教学工作的意见》进一步科学规划九年义务教育阶段初中思想政治课和小学思想品德课的教学内容体系。并于 1996 年 4 月和 1997 年 4 月,国家教委相继颁发了《高级中学思想政治课课程标准》和《小学思想品德课和初中思想政治课课程标准》,规定初中进行公民道德、心理品质教育、法制教育、基本国情教育,高中进行经济常识教育、哲学常识教育、政治常识教育。依据课程标准,组织编写了若干套相应的教材①。这一时期,中学德育工作的社会功能和政治功能并重,内容逐步规范化。

5)中学德育工作深入专业化发展时期

1998 年国家教委颁布的《中小学德育工作规程》指出了中小学德育工作的基本任务。2000 年《关于适应新形势进一步加强和改进中小学德育工作的意见》进一步加强和改进中小学德育工作的具体改革方向。2001 年,教育部又提出了第八次基础教育新课程改革。这次改革将初中的思想政治课改为"思想品德"课,高中的思想政治课另增加了"文化生活"必修模块和六个选修模块。

伴随着新一轮基础教育课程改革的发展,中学德育工作改革也随之进入了

---

① 胡田庚. 中学德育课程与教学论[M]. 武汉:华中师范大学出版社,2010:158-161.

一个新的时期。中学德育工作在教学目标上，开始注重"以学生发展为本"，由过分注重知识传授的现象转向注重能力培养和思想教育；在教学内容上，跟进时代发展和社会进步，从事实出发，而不能从概念原理出发；注重多元化、科学化的评价方式。

3. 新世纪中学德育工作研究

近年来，中学德育工作研究可以从中学德育工作的组织、中学德育实施的途径、中学德育过程、中学德育对象四个方面进行梳理。

1) 中学德育工作的组织

德育导师制是当前我国中学对传统管理模式改良的最广泛而有成效的德育工作模式，也是我国德育工作组织形式的一大创新。方展画（2004）认为"德育导师制"是学校班主任工作必要有效的补充，具体说就是在"整体、合作、优化"教育理念的指导下，将学校班级德育的诸多目标、诸多任务分解到担任导师的任课老师身上，既教书又育人，既管教又管导，从而形成整体合作、优化班级教师管理群的一种班级管理模式[1]。部分研究成果关注典型案例，2002 年 3 月开始，浙江省长兴中学以"班级德育工作小组"制度为起点，逐步推行了德育导师制[2]；湖北省夷陵中学作为制度德育的基地学校，也从 2002 年开始进行了德育导师制的探索，以改变教育分离的状况。2005 年 12 月，浙江省教育厅下发了《在全省中小学实施德育导师制的指导意见》，文件要求全省各市、地区充分结合各地学校的实际，认真组织实施这一德育模式。之后，2012 年，辽宁省相关部门发布《中小学德育工作指导意见》，总结指出全省推进德育导师制的主要特征[3]。

2) 中学德育实施的途径

中学德育实施的途径包括课程教学方式、课程资源的使用，是中学德育课程与主体之间的中介途径，也是实施过程的重要载体。有学者提出"生态课堂"教学观。生态课堂是通过连接课堂各要素的平衡促进课堂整体教学的教学观。

① 方展画，张凤娟. 新型德育模式探索——浙江省长兴中学德育导师制调研报告[J]. 教育发展研究，2004(11)：46－50.
② 田爱丽. 中学德育导师制成效的动因分析——浙江省长兴中学德育导师制实施解读[J]. 思想理论教育，2010(4)：46－50.
③ 邹建国. 中学德育导师制的实施策略[J]. 中国教育学刊，2009(7)：88－89.

生态课堂是用生态学的方法研究课堂教学,把教师、学生与课堂环境等各要素看作相互影响、相互联系而进行物质循环、信息交流的有机整体。赵宝鹏(2016)从生态学的视角来指出当前中学德育课程存在三个方面的失衡[1],即课堂生态环境失衡、课堂生态主体失衡和课堂师生行为与课外实践失衡。

3)中学德育课程

高中华(2018)从后现代课程观看中学德育课程[2],提出设定开放性和生成性的德育目标。也有学者基于新课程改革的要求强调德育评价方式转变,从学校开设德育课程的最终目的出发,传统的道德教育秉承以知识为本的教育理论,决定了以知识考评为主的德育评价方式向促进学生的健康发展,促进学生在知识与技能、情感态度与价值观等方面的全面健康发展的评价内容转变[3]。王长喜(2019)在德育资源上,突出历史典故在中学德育中的价值,利用典故名篇培养学生理性思维能力和激发爱国主义情感[4]。

4)中学德育对象

以"人"为基点,是中学教育的重要内容与价值目标。周明显(2018)提出构建中学德育协同体系是中学立德树人的重要思维构想,是"完整的人"的发展需要[5]。吴安春(2023)指出坚持立德树人是新时代高等教育的使命和担当,高等教育落实立德树人根本任务的实践路径,一是要坚定理想信念、厚植爱国主义情怀、加强品德修养、增长知识见识、培养奋斗精神、增强综合素质;二是要发挥思想政治理论课主渠道作用,在大中小学中循序渐进、螺旋上升地开设好思想政治理论课,落实立德树人根本任务;三是健全立德树人落实机制,构建德智体美劳"五育并举"的教育体系,把立德树人融入思想道德教育、文化知识教育、社会实践教育各环节;四是要形成全社会育人合力,协同家庭、学校、政府、社会,为时代新人成长创造良好的氛围环境;五是要把立德树人的成效作为检验学校一切工作的根本标准,努力提升高等教育质量,加快推进教育现代化[6]。

---

[1] 赵宝鹏. 中学德育生态课堂的构建[J]. 中学政治教学参考,2016(21):39 - 41.
[2] 高中华. 从后现代课程观看中学德育课程——读小威廉.E.多尔《后现代课程观》[J]. 思想政治课教学,2018(10):95 - 96.
[3] 李创080. 试论中学德育评价方式的转变[J]. 中学政治教学参考,2011(27):58 - 59.
[4] 王长喜. 历史典故在中学德育中的价值探析[J]. 中学政治教学参考,2019(20):87.
[5] 周明星. 中学德育协同体系的构建[J]. 教学与管理,2018(03):40 - 42.
[6] 吴安春.坚持立德树人是新时代高等教育的使命和担当[J].中国高等教育,2022(20):1.

综上所述，关于立德树人及其协同机制的研究、中学德育工作研究的文献较为丰富，大多数研究从高校、中小学不同教育阶段展开，在研究理论的基础上提出相应的立德树人机制举措。已有成果从教育理念、学校文化、管理模式、课程建设、教学改进、教师队伍建设、多方协同保障等方面进行了具体的研究，有助于提升立德树人的实效性和培养社会主义建设者和接班人。

通过对"立德树人"内涵与协同机制研究以及中学德育工作实践研究的文献梳理，从研究内容上看，目前立德树人相关研究更多是围绕立德树人的内涵解读与时代意蕴，注意到"立德"的"德"的理论阐释与文化溯源，进而立德树人协同机制的研究也体现出时代性；从研究视角上看，中学阶段立德树人相关研究成果明显少于高校立德树人研究成果；就中学阶段立德树人的研究成果来看，主要体现在政策现状研究，对立德树人协同机制的研究还不够丰富，未能充分彰显立德树人的系统性，以上问题，正是中学立德树人协同机制研究这一选题努力的方向。

三、核心概念界定

（一）立德树人

立德中的"德"是指个体高尚的思想品德与良好的自我修养；"树人"，就是培养全面发展、个性优长的高素质的人才。道德养成是立德的重要途径，能力培养是"树人"的目标指向；"立德"为"树人"之本，"树人"为"立德"之标，二者之间是辩证统一关系。立德树人的基本概念分为"立德"和"树人"两个方面，首要的是理清"德"与"人"之间的关系，基于我国国情与育人导向，立德树人，培育的是"中国人"，中华民族几千年悠久的优秀传统文化构成了魂之底色、育之方式和精神支撑。

立德树人是一种综合化的路径培养模式，是在人才的培养和完善过程中体现出来的一种综合的价值输出，其核心内容是先立德，注重自我的品德修养、道德模范，并融入综合素养中去，才能树出完整的人。其中的"德"是核心，其含义是丰富多元的，要树立坚定的共产主义理想信念的高尚之德，还要有关心团队和集体的大局之德，公平、公正、廉明的正义之德，保持正确行为言行的规范之德,以及个体自育与他育过程中养成的一切美好而崇高的品德素养,这些都是立德一词中"德"的范畴。

所谓立德,内容包括大德、公德、私德,要求"明大德、守公德、严私德"①;所谓树人,即"培养德智体美劳全面发展的社会主义建设者和接班人"②。其核心是要围绕、关照以及服务学生成长与发展,坚持以学生思想水平、文化素养、道德品质、政治觉悟的提升为导向,让学生成为全面发展而又德才兼备的优秀人才。这正是从立德树人的根本任务出发给出的明确界定,立德树人事业确实是百年大计,关乎国家未来发展与民族复兴伟业,是我国教育要务和国情发展需求。

(二)协同机制

机制是指各要素的结构关系和运行方式。立德树人落实机制,是引导和促进立德树人的内在机能及其运行方式。从机制运行的要件来说,应该包含运行的主体、客体和环体,运行的动力、管控和保障。立德树人协同机制建构的基本原则包括导向性、整合性、动态性,立德树人落实机制的实践中,要体现"三全育人"的路径要求,即要着力构建全员主导机制、全过程整合机制和全方位保障机制③。协同机制的构建过程中,学校应统筹协同学校、家庭、社会、网络,注重教书育人、管理育人、服务育人、环境育人、活动育人,倡导社会文明实践活动,推动公民道德实践养成,建立健康的网络空间,同时发挥家庭在立德树人中的奠基作用,发挥家长的榜样作用,多个维度形成一个立德树人系统。

四、研究方法

(一)文本分析法

文本分析法是以所研究的问题为前提,对自己的研究对象,通过文本进行

---

① 习近平.在北京大学师生座谈会上的讲话[N].人民日报,2018 - 05 - 03.
② 习近平.坚持中国特色社会主义教育发展道路培养德智体美劳全面发展的社会主义建设者和接班人[N].人民日报,2018 - 09 - 11.
③ 周如东,李淑娜.立德树人运行机制的理论研究与建构[J].黑龙江高教研究,2014(02):97 - 99.

查阅、分类整理并鉴别评价，以期能够找到材料中有价值的观点，对材料之间存在的规律性和差异性加以分析。该方法主要应用于调查研究和案例分析，对各类文本资料进行深度分析，发现其中的规律。

（二）问卷调查法

问卷调查法是指调查者通过事先的分析和访问，以科学合理的方式构建出问卷的框架，并编制出符合被访对象的认知范围的问题，通过对被访对象的调查来了解现实样态的调查方法。为了获得当前中学生立德树人落实机制的状况，需要进行信息的采集。本书研究在问卷设计方面，以党的二十大报告、教育部发布的《中小学德育工作指南》、中央领导人关于立德树人的重要论述等作为设计基础，设计了学生问卷，问卷内容涵盖立德树人领域的四类基本问题：一是学生关于学校落实立德树人的态度问题，包括对中学生思想状况的基础性调研；二是如何理解立德树人的地位、内涵、特征、要求等问题；三是对学校落实立德树人根本任务效果评价以及改进问题；四是师德师风等立德树人关键抓手的认识态度、效果评价、策略改进等问题。在四类基本问题设定的基础上，再根据学生在立德树人过程中所处的不同角色，调整问题设定的角度，以便于对比印证。

（三）访谈法

访谈法，主要是通过问答的形式搜集信息，通过对师生的访谈从而获得相对客观的材料，以呈现出样本所代表的总体的样态。本方法的关键是在前期调查问卷的基础上进行剖析，进一步分析调研现象背后的内在机理，其目的是为了避免从理论到理论的简单化，以及在调查问卷中可能不方便触及的深层次的问题和认知。本书访谈包括师生和家长等，访谈都是在充分尊重学生意愿的基础上进行的，使受访者在自由的环境和氛围中能够不受干扰地就自身感受畅所欲言，表达自己的真实想法，从访谈对象的选择来看，能够支撑数据的真实客观。

第一章

中学立德树人的本质规定

党的二十大报告强调:"育人的根本在于立德。全面贯彻党的教育方针,落实立德树人的根本任务,培养德智体美劳全面发展的社会主义建设者和接班人。""健全学校家庭社会育人机制"①。这表明了新时代学校教育的整体要求和总体目标,体现立德树人提出的重大战略性意义战略性高度。全国教育大会要求:"必须把培养社会主义建设者和接班人作为根本任务,培养一代又一代拥护中国共产党领导和我国社会主义制度、立志为中国特色社会主义奋斗终身的有用人才。"②进一步明确了学校人才培养的当前要求和长远规划。列宁指出:"从现象到本质、从不甚深刻的本质到更深刻的本质"是"辩证法的要素"之一③。提炼新时代中学立德树人的本质内涵,明确实践指向,回答了"培养什么样的人才"以及"如何培养人才"这一重大问题。

一、新时代学校立德树人的理论溯源

从中国共产党的优良传统来看,立德树人是对马克思主义人学理论的继承和发展,是从中华优秀传统文化发轫而来,经过不断外化塑造与内化升华,并在党的教育方针和培养目标的不断完善中,吸收了充分的生长意蕴,具有新的时代精神和理论特质。

---

① 习近平著作选读(第1卷)[M]. 北京:人民出版社,2023:28.
② 习近平著作选读(第2卷)[M]. 北京:人民出版社,2023:195.
③ 列宁全集(第55卷)[M].北京:人民出版社,1990:191.

（一）源于马克思主义人学思想

马克思关于人的本质、人的发展，关于道德等核心命题形成极为重要的论断，这些论断对进一步廓清立德树人内涵，研究立德树人的方法等有着重要的指导意义。

1. 立德树人继承和发展马克思主义人的本质理论

马克思关于"人的本质""人的全面发展"的相关论述始终坚持人是一切实体性东西的本质原则，这一思想也贯穿于马克思主义人学理论的始终，"我们的出发点是从事实际活动的人"[①]。立德树人关系着"培养什么人、怎样培养人、为谁培养人"这个根本性问题，其围绕的是"现实的人"，解决的是"人的需要"，实现的都是"人的自由而全面发展"的重大问题。因此，新时代立德树人必须坚持以马克思主义人的本质观作为科学理论依据。《1844 年经济学哲学手稿》的诞生标志着马克思主义人学理论的产生，文中马克思以人的异化劳动这一现象为抓手，通过分析比较人的类本质与异化劳动之间的内在张力，从而批判了异化劳动对人的降低，肯定了人的自由全面发展的追求。在《关于费尔巴哈的提纲》中，马克思则从实践的角度开启新的解释视角，他指出："人的本质不是单个人所固有的抽象物，在其现实性上，它是一切社会关系的总和。""全部社会生活在本质上是实践的。"[②]在此语境下，人的本质不再是单纯的"类本质"，"社会人"具有现实社会关系的含义。马克思将"实践"引入哲学史确立了科学的实践观，既超越了旧唯物主义对世界的直观感性认识，又找到了人与社会之间的联系点，肯定了人的能动性而产生的开放性，驳倒了唯心史观的立论根基，从而将人生价值的实现置身于社会实践之中。在此意义上，培养什么样的人，也应当以社会的需要为准则。纵观历史，中国特色社会主义事业的发展经历漫长的探索，人的培养的价值目标与精神追求也是一个不断发展与深化的过程。在此意义上审视，马克思对社会和人的本质所做的"实践"现实性的理解具有重大的意义，为立德树人科学地位的确立指明了方向，为现实地发挥立德树人在社会性本质中的作用提供理论依据。从另外一个维度而言，立德树人满足学生的主体

---

① 　马克思恩格斯选集（第 1 卷）[M].北京：人民出版社，2012：152.

② 　马克思恩格斯选集（第 1 卷）[M].北京：人民出版社，2012：135.

需要,生动地体现和深化了马克思主义人的本质理论。马克思在《德意志意识形态》中指出:"他们的需要即他们的本性。"①并强调,"需要的发展是人的本质力量的新的证明和人的本质的新的充实。"②马克思赋予需要"前提性",并且赋予它以"普遍性""永恒性"以及"能动性"。立德树人以学生的全面发展和身心健康作为最终目标,是党和国家对人才培养本质深刻把握前提下的新时代回答,满足其全方面深层次发展需要而采取的实践活动,激发中学生成长发展的内生动力。

2. 立德树人是马克思主义道德哲学观的当代实践

中学立德树人是一项根本性、长期性、阶段性实践性的过程,并深度契合了马克思主义的道德哲学观。"马克思恩格斯的道德哲学思想不是一般哲学思想和政治思想,也不是一般个人品德和行为规范的研究,……应该说,他们的研究属于道德哲学的研究。而一种道德哲学的研究,其中也包括运用道德社会学方法对经济现象的研究和运用道德 人类学对家庭伦理的研究,最后上升到道德哲学上作总体的综合概括把握。"③从历史唯物主义的角度出发,马克思、恩格斯以社会经济关系及其本质为切入点,在总结其历史性、实践性特征的基础上,表明了道德教育也应当具有的历史性和实践性特性。首先,认为道德来源于人们在实践生活中所形成的社会意识形态,因此,道德根源于现实生活,来源于实践活动。"马克思恩格斯……的出发点是人,把人作为道德评价的主体。考虑的不是如何按照社会的需要规范人,而是如何按照人的需要规范社会,是社会的制度与结构怎样才能无愧于人的本性,成为道德。"④这就意味着马克思、恩格斯主张从关注个体的层面出发,即"从社会的需要出发改造、规范人,使人成为道德的,服务于社会的需要",更应当研究社会应当如何,即"从人的个性自由、人的需要出发改造社会,使社会成为道德的,服务于每个个人的需要"⑤,由此为人的自由而全面的发展建立坚实的制度保障,创设出按人的发展需要的良好的社会环境。其次,马克思恩格斯把道德原则应用在社会实践中。在对资本

---

① 马克思恩格斯全集(第 42 卷)[M].北京:人民出版社,1995:84.
② 马克思恩格斯全集(第 42 卷)[M].北京:人民出版社,1995:132.
③ 宋希仁.马克思恩格斯道德哲学研究[M].北京:中国社会科学出版社,2012:10.
④ 安启念.马克思恩格斯伦理思想研究[M].武汉:武汉大学出版社,2010:300.
⑤ 安启念.马克思恩格斯伦理思想研究[M].武汉:武汉大学出版社,2010:16.

主义私有制和异化劳动的批判中体现了马克思恩格斯所坚持的道德原则,并指出共产主义社会充分体现了这种人道主义原则。马克思和恩格斯认为,道德教育和历史唯物主义以及科学社会主义的思想理论教育应当事先紧密融合,而不是停留在口头空洞的道德说教,其根本目的在于通过对受剥削与受压迫的无产阶级和人民群众进行共产主义教育,并批判资产阶级的虚伪道德,实现两者的结合,最终争取个人的解放和人类的解放。最后,道德教育是一个长期的、历史性的过程。马克思恩格斯认为道德教育是一个具有长期性、历史性特点的过程,无产阶级需要在改造社会环境的实践中逐步养成。因此,马克思和恩格斯主张在实践中不断培养无产阶级的道德,其关键点在于道德的培养离不开现实生活的场域,将应然状态的道德教育和实然社会中的道德教育进行有机地结合。

3. 立德树人深化发展马克思主义全面教育理论

马克思和恩格斯认为个人的全面发展与教育相互影响、相互作用,具有内在联系,形成了全面育人的教育思想,而全面教育思想是立德树人的理论来源。马克思和恩格斯认为,"人以一种全面的方式,也就是说,作为一个完整的人,占有自己的全面的本质。"①"全面发展的个人——他们的社会关系作为他们自己的共同的关系,也是服从于他们自己的共同的控制的——不是自然的产物,而是历史的产物。要使这种个性成为可能,能力的发展就要达到一定的程度和全面性,这正是以建立在交换价值基础上的生产为前提的,这种生产才在产生出个人同自己和同别人的普遍异化的同时,也产生出个人关系和个人能力的普遍性和全面性。"②因此,不同于资本主义的异化和片面发展,教育的真正目的是培养人的全面发展,其内涵包括人的需要、人的社会关系、人的能力与个性等方面都得到全面的发展。因此,理论与实践的统一是马克思的全面教育思想形成的内核。恩格斯指出:"教育将使年轻人能够很快熟悉整个生产系统,将使他们能够根据社会需要或者他们自己的爱好,轮流从一个生产部门转到另一个生产部门。因此,教育将使他们摆脱现在这种分工给每个人造成的片面性。"③同

---

① 马克思恩格斯全集(第 42 卷)[M].北京:人民出版社,1979:123.
② 马克思恩格斯全集(第 46 卷上)[M].北京:人民出版社,1979:108.
③ 马克思恩格斯选集(第 1 卷)[M].北京:人民出版社,2012:308.

时，马克思和恩格斯认为，个人的才能是否能够实现顺利而充分的发展，"这就完全取决于需要，而这种需要又取决于分工以及由分工产生的人们所受教育的条件。"①他们认为教育和生产劳动的结合是"造就全面发展的人的唯一方法"②，列宁强调要"教育、训练和培养出全面发展的和受到全面训练的人。"③这些都体现了马克思主义经典作家对于教育育人作用的重视，并把培养全面发展的人作为教育的最终目标。所谓全面的教育，就是培养全面发展的时代新人。恩格斯在《反杜林论》中明确指出，在摆脱了资本主义生产的社会里，"这个社会造就全面发展的一代生产者，他们懂得整个工业生产的科学基础，而且每一个人对生产部门的整个系列从头到尾都有实际体验。"④这印证了社会生产过中人人都是其中的一名生产者与参与者，而生产劳动锻炼了人的体力和智力，为每一个人的全面发展提供了机遇。新时代中学立德树人强调的是人人成才，德才兼备，这些正是马克思主义"人的全面而自由发展理论"以及全面教育思想在新时代的新要求和新体现。

(二)源于中国传统文化精髓

对立德树人历史进路的研究，应从中华优秀传统文化的渊源与流变之中探寻。从历史发展进程来看，受德治理念以及伦理型社会影响的中华民族，将立德树人作为贯穿历史发展的核心传统，并不断汲取先人的创造与智慧，形成一个充满开放与生机的观念体系。中国文化的基本命题是立德树人，即如何通过教育、践行，造就人格完善的"君子"……把人的成长，定义为德性的增长，是中国文化的集大成与优秀之处。⑤

周公制礼作乐，以礼治国，形成"敬德保民"思想，主要目的在于确立"德"的核心地位，明察实情、用贤除奸、慎于用刑，达到保社稷、保国家的政治目的，但同时也含有要求统治者加强自身道德修养的意蕴，实现了夏商以来中国思想从敬鬼神到重人事的转变。中国传统文化的代表儒家尤为重视伦理道德。冯友

---

① 马克思恩格斯全集(第 3 卷)[M].北京:人民出版社,1960:459.
② 马克思恩格斯选集(第 2 卷)[M].北京:人民出版社,2012:230.
③ 列宁选集(第 4 卷)[M].北京:人民出版社,2012:159.
④ 马克思恩格斯选集(第 3 卷)[M].北京:人民出版社,2012:684.
⑤ 冯友兰.中国哲学简史[M].北京:新世界出版社,2004:38.

兰认为:"孔子用'仁'字不光是指某一种特殊德行,而是指一切德行的总和。"①
"仁"既是道德存在的根基,同时又是衡量道德实践的标准。治国方面,"道之以
德,齐之以礼,有耻且格"(《论语·为政》),体现在国家之内践行"仁德""仁爱",
进而实现其最高的目标。在求知方面,"仁者安仁,知者利仁"(《论语·里仁》),
"仁"能够让智慧之人也成为道德之人。孔子并没有将"仁"窄化为个人的道德
品质,而是进行了充分的深化与扩展,从而使其与人的理想人格、精神特质、心
理状态、为人处世、社会关系、国家治理等紧密地结合起来,赋予了其丰富内涵。
孟子继承了孔子关于"仁"的思想,提出必须靠修养及发挥善性,使内心的"四
端"得以扩充,从而"尽性",并培养出"浩然之气",以"心志统气",控制自己的情
感,便能成德。他还明确了"仁"与"义"的关系:"仁,人心也,义,人路也。"(《孟
子·告子上》)只有"仁"还不够,还应当通过"义"来判断"仁"如何践行,"仁"只
有通过"义"才能发挥其应有的作用,使"仁"成为天下所共有的规范。他提出
"古之人,得志,泽加于民,不得志,修身见于世。穷则独善其身,达则兼济天下"
(《孟子·尽心上》),表明了在不同境况之下,人的道德实践与道德要求有所不
同,指出个人之德可以成为天下之德,体现对"仁"内涵的能动性扩展。相对于
孟子"仁义内在"的观点,董仲舒提出"仁外义内"②,即认为"仁"是关于自身与
外在他人的评判标准,而"义"则是对自我要求的评判标准,这种对于君子的评
判标准同样适用于统治者。他认为,对自己做到"仁"容易,做到"义"才能达到
高尚的人格。"义"即尽其本分、端正己身。韩愈在《原道》一文中指出:"博爱之
谓仁,行而宜之谓义;由是而之焉之谓道,足乎己,无待于外之谓德。仁与义,为
定名;道与德,为虚位。故道有君子小人,而德有凶有吉。"③在他看来,"仁义"
对"道德"起到"定位"与"充实"作用,"道德"是以仁义为具体内核。真正能体现
"仁义"的是除天下之害,兴天下之利的圣人。理学的开创人周敦颐主张"圣人
定之以中正仁义,而主静,立人极焉"。"人极"可理解为做人的最高标准,需要
通过"无欲"和"主静"的修养方法来实现。张载提出"为天地立心,为生民立道,

---

① 统文化进校园的重心与支点[N].中国教育报,2017-03-02.

② 雷震.仁义的内外、人我之争及其意义——中国历史上三种仁义观解读[J].求是学刊,2011(2):53-57.

③ 韩愈.韩昌黎文集校注(卷一)原道[M].马其昶,校注.上海:上海古籍出版社,1986:15.

为往圣继绝学,为万世开太平"①。他认为真正有修养的人心中无自私之我,而德行泽被天下。朱熹的"天理为主人心听命"的观点对"立德"的理论建构有着其积极意义,他认为"人心"中的欲望、情绪等各种诉求中需要有一个主导的要素来支配才能维持平衡,他提出"日日克之,不以为难,则私欲净尽,天理流行,而仁不可胜用矣。"(《论语集注》卷六)。其思想积极的一面,在于引导人们对内完成人格的协调统一,对外与他人和谐共处。理想化的一面,在于要求逐渐革尽人欲,达到天理流行、毫无私欲,即在"立德"层面现出鲜明的"以公统私""以理御欲"的特点。陆九渊提出"心即理",认为本心是一种先验的道德意识,人内心的道德原则与社会伦理是一致的。他提出了"存心去欲"的道德修养方法,强调通过自我认识、自我完善、自我反省来保持本心,顺从本心。王阳明则认为"人者,天地万物之心也,心者;天地万物之主也。心即天,言心则天地万物皆举之矣。"(《王文成公全书》卷六《答季明德》)他认为心生发一切,主宰一切,人心受到了物欲的蒙蔽产生了私我的意识,要去除私欲,才能恢复心之本体,实现万物一体的"至仁"。他提出"致良知",就是将良知扩充到万事万物,"致"本身就是兼知兼行的过程,在此过程中,要实现"知行合一",体现了本体论与修养论的直接统一。王夫之提出了感性实践的"成德之学"即"性之德"。王夫之认为:"'成德之学'不在笼胧直觉地体认'天道',而在于局部地经验地实践'人道',不在于先验地体认仁、智、勇,而在于经验地实践学、行、知。"②其"成德之学"的最终目标是养成人的现实道德品性和道德人格。纵观立德树人思想的历史流变,从先秦的"敬德"思想,到两汉构建的以"三纲五常"为核心的道德核心体系,到隋唐的"仁义为本",再到宋明理学,围绕着"立己立人""成人成物","把平实的人伦道德问题提升到宇宙本体的高度,把天人关系紧密结合起来,直逼人的深层精神世界,使符合社会规范的伦常操行成为人的内在自愿"③,这些最终成为新时代立德树人的丰厚滋养。

① 张载.横渠语录 孔子文化大全[M].济南:友谊出版社,1989:328-329.
② 刘兴邦.论王夫之的"成德之学"[J].中国哲学史,2003(1):76-81.
③ 龚国润,陈跃刚.中国古代德育思想的人德观述论[J].湖北大学学报(哲学社会科学版),1991(6):109-115.

二、新时代学校立德树人的本质特征

立德树人是我国中学教育的重要目标,是学校育人作用的重要体现,也是对教育方针政策的贯彻落实。必须牢牢把握立德树人的本质特征,才能不断明确中学德育所应坚守的育人方向,为学校立德树人协同机制建构奠定坚实基础。

(一)培育时代新人的方向目标

党的二十大报告中提出把培养社会主义建设者和接班人作为教育的根本任务。党中央多次强调时代新人所应具备的特质,提出"有理想、有本领、有担当"的要求。"从个体成长目标维度看,成为'有理想、有本领、有担当'的时代新人,反映了当代青年自我发展的不懈追求,反映马克思主义人的全面发展理论在当代中国实践中被赋予的时代特质和现实表现。"[①]全国教育大会提出"六个下功夫",进一步明确培养"时代新人"的具体方法论[②]。培育"时代新人"的迫切性和重要性在于其要肩负起实现"两个一百年"奋斗目标和中华民族伟大复兴中国梦的重任。因此,新时代的要求明确了人才培养的具体内涵。时代新人必须在思想政治觉悟、道德品质水平、科学文化素质以及精神面貌状态等方面契合新时代的要求,只有这样才能更好地承担起时代的重任。

1. 以坚定的理想信念筑牢梦想之基

中学生作为时代新人要有理想。坚定的理想信念是担当民族复兴大任的前提,有信念、有梦想、有奋斗、有奉献的人生才是有意义的人生。党中央提出:"当代青年建功立业的舞台空前广阔、梦想成真的前景空前光明,希望大家努力在实现中国梦的伟大实践中创造自己的精彩人生。"[③]并寄希望广大青年学生承担起实现国家富强和人民幸福的责任,将自身行动汇入中国特色社会主义现代化建设的实践中去,并为之而奋斗终生。"心中有阳光,脚下有力量,为了理

---

①　刘兴邦.论王夫之的"成德之学"[J].中国哲学史,2003 (1):43-44.

②　习近平著作选读(第2卷) [M].北京:人民出版社,2023:196-201.

③　习近平.在北京大学师生座谈会上的讲话[N].人民日报,2018-05-03.

想能坚持、不懈怠,才能创造无愧于时代的人生。"①这些目标的确定,前提就是要坚定理想信念。中学生正处于人生成长的关键时期,树立正确的理想信念,才能使其对正确世界观、价值观、人生观产生内驱动力,同时做到脚踏实地,敢于实践,自觉提升。"没有远大理想,就会迷失前进方向;离开现实工作,再远大的理想也是空想。"②而理想信念具有强大的导引力和凝聚力,进而产生强大的精神力量。因此,成为担当民族复兴大任的时代新人,要明晰自身责任和社会发展阶段,找准目标,坚定理想,才能在新时代的历史时空中把握方位,才会将个人的发展与国家的前途命运联系起来,从而在人生道路的选择上契合国家、社会发展的需要,实现自身理想价值与中华民族伟大复兴中国梦的同频共振。

2. 以过硬的能力素质铸就奋斗力量

培养担当民族复兴大任的时代新人,应将理论与实践相统一作为重要法宝,将理论学习运用于指导社会实践,在社会实践中不断丰富和发展理论知识,破解理论学习与能力提升的"两张皮"问题,实现理论创新与实践创新相统一。青年学生实现远大志向,必须扎扎实实地从一点一滴做起,在这一过程中需要两个核心要素。一是要求真学问、练真本领。二是要具备锲而不舍、自强不息的奋斗精神。远大的理想抱负只有在具体的,实实在在的行动中才能实现。从一开始就要树立从学习开始、靠本领成就事业的观念。人生的黄金时期在青年,青年只有自觉加强学习、历练本领,才能积累厚实的学识,而能否具备厚实的学识则会影响人的一生。"'纸上得来终觉浅,绝知此事要躬行。'所有知识要转化为能力,都必须躬身实践。要坚持知行合一,注重在实践中学真知、悟真谛,加强磨练、增长本领。"③培养担当民族复兴的时代新人也要学习与实践两手都要抓,以学促践,以践长学。将学习理论与实践锻炼贯穿于日常学习生活中,逐步内化为自身的良好品质。

3. 以执着的责任担当成就事业

当今世界正处于百年未有之大变局,要实现民族伟大复兴,既充满着难得的发展机遇,也面临各种风险挑战,各种重大难题、重大风险、重大阻力与重大

---

① 习近平在知识分子、劳动模范、青年代表座谈会上的讲话[N].人民日报,2016-04-26.
② 王树荫.坚持远大理想和共同理想相结合[N].光明日报,2017-11-07.
③ 习近平在知识分子、劳动模范、青年代表座谈会上的讲话[N].人民日报,2016-04-26.

矛盾仍亟待解决。当代中学生身处历史发展的重要战略期,同时也处于前所未有的挑战期。对于当代青年来说,"有多大担当才能干多大事业,尽多大责任才会有多大成就。"①成功者人生经验表明,吃苦与收获、奉献与高尚之间呈正相关联系。"青年时期多经历一点摔打、挫折、考验,有利于走好一生的路。要历练宠辱不惊的心理素质,坚定百折不挠的进取意志,保持乐观向上的精神状态,变挫折为动力,用从挫折中吸取的教训启迪人生,使人生获得升华和超越。"②因此,青年学生要在真抓实干、敢作敢为、锐意进取的过程中肩负起责任担当。在新时代,要努力培养中学生高尚的道德品格和崇高的精神境界,具体就是要落实到艰苦奋斗、迎难而上的气魄凝聚创新力量上。从新时代的要求来看,中学生是未来新时代建设的主力军,是国家建设的中坚力量,要以执着的精神担当责任,必须深入群众,了解基层,把握社会和国家发展的需要。不断在丰富的实践与创造中,完成课本知识向报国之志的转化,才能实现个人发展与国家社会进步的统一。

(二)践行社会主义核心价值观的根本遵循

社会主义核心价值观是凝聚思想的价值共识,是促进社会发展的精神动力,是全社会共同奋斗的思想基础,也是党对国家、社会、个人三个层面价值准则和道德规范的全面概括,是学校立德树人的根本遵循。因此,学校立德树人来源于对社会主义核心价值观的继承与遵循。核心价值观,其实就是一种德,既是个人的德,也是一种大德,就是国家的德、社会的德。国无德不兴,人无德不立③。因此对于广大青年来说,必须"做到明大德、守公德、严私德。要把立德树人内化到大学建设和管理各领域、各方面、各环节,做到以树人为核心,以立德为根本。"④因此,社会主义核心价值观从根本上框定了立德树人的"德"之内涵与"树"之路径。

1. 社会主义核心价值观明确"德"的内涵

中学生的价值取向决定未来整个社会的价值取向。形象地比喻,就是青年

---

① 习近平.在北京大学师生座谈会上的讲话[N].人民日报,2018-05-03.
② 习近平.在北京大学师生座谈会上的讲话[N].人民日报,2018-05-03.
③ 习近平.在北京大学师生座谈会上的讲话[N].人民日报,2018-05-03.
④ 习近平.在北京大学师生座谈会上的讲话[N].人民日报,2018-05-03.

时期处于"拔节孕穗期"。这一时期是中学生价值观形成和确立的重要时期,最需要精心的引导和栽培,中学生价值观的养成影响深远,其重要性在于要把核心价值观的要求和原则转化为日常的行为准则,内化于心,外化于行,进而形成自觉遵守和秉承的信念和理念。党中央对"大德""公德""私德"进行了丰富的阐释,"大德"的意涵在于报效祖国、服务人民,"养大德者方可成大业"。而"公德""私德"在于"做好小事、管好小节""见善则迁,有过则改",要"踏踏实实"地修好。"大德""公德""私德"之间存在不同层次与互相联系的关系。从具体含义来看,"明大德",即树立正确而坚定的理想信念,马克思主义是我国发展的理论指导,当代中学生要学习马克思主义理论知识,深化对中国共产党执政规律、社会主义建设规律以及人类社会发展规律的认识,从而树立正确的世界观、人生观、价值观,扣好人生的第一粒扣子,从而以勇于担当的责任意识,在复杂多变的外部环境影响下坚定自我意志。"守公德"即中学生对社会发展中的最普遍、最基础、最广泛的社会关系深刻认识、对中华优秀传统文化的继承与践行、对新时代中国特色社会主义实践的道德要求自觉遵循,实现社会主义核心价值观入脑入心,将家国情怀转化为奋斗、进取、创新、包容的高尚品德。"严私德",即中学生要严格约束自身的操守与行为,培养和强化自我约束、自我控制的意识和能力。中学生以严于律己和求真务实的道德品格要求自己,对自身的思想素质、学习水平、专业能力和生活作风高标准、严要求,做到言行一致,对于享乐主义等错误思想和观念时刻保持警醒,力戒"浮躁"。

2. 社会主义核心价值观明确"树"德路径

首先,明确实践路径,重视实践养成。实践是道德品质形成的来源,学校应将社会主义核心价值观"德"之意涵融入课堂教育之中,帮助中学生所立之"德"充分体现其特性,并将育人中心地位和德育的首要地位贯穿于教学之中,形成全员全过程全方位的育人机制,促进学校资源和评价机制向"德育"聚焦与保障。中学生培育和践行社会主义核心价值观的路径,一方面要求在勤学、修德、明辨、笃实上下功夫,扎扎实实干事、踏踏实实做人,立志报效祖国、服务人民,于实处用力,做到知行合一。另一方面,围绕实现中华民族伟大复兴的中国梦,"爱国、励志、求真、力行"。爱国和励志决定了圆什么梦,为谁圆梦,而求真和力行则是靠什么圆梦、如何圆梦的问题,体现了党和国家对于青年学生成长规律和方向的进一步深化。

（三）实现"中国梦"的鲜明主题

　　青年人的综合素质与能力本领是实现中华民族伟大中国梦的前提条件与基础保障。党的十八大以来，党中央对什么是中国梦、如何实现中国梦等重大问题进行了丰富和深刻的阐释，提出了一系列新思想与新观点。中国梦既包含国家层面、民族层面的要求，也包含对每一位中国人的期望，青年学子要脚踏实地努力去实现。实现国家富强、民族振兴、人民幸福是中国梦的本质内涵，因而必须坚持中国道路、弘扬中国精神、凝聚中国力量。从国际视野来看，和平与发展仍是时代主题，中国梦的内涵是和平、发展、合作、共赢，包含了对和平与发展的期望，以中国自身的发展造福世界，以中国的和平维护世界稳定。这些丰富的内涵为学校立德树人提供了鲜明的主题。从中学立德树人的要求与过程来看，实质上是要完成"中国梦"时代特性与青年学生理想信念与价值观的整合。"中国梦"以其鲜明而生动的现实意义和逻辑指向，为中学生提供明确的使命追求、价值目标以及方法论意义。"中国梦"实现了理论与实践、理想与现实的有效衔接，同时呼唤着学校以人才培养加快助力实现"中国梦"的重要性和紧迫性，也指出了实现"中国梦"对于中学生教育培养的内在要求。

　　1. 增强中学生的中国梦政治认同

　　加强中学生对中国梦的政治认同。教育是学校立德树人的关键环节，培育政治上立场坚定，自觉认同中国特色社会主义制度、理论、道路，培养始终为实现中华民族伟大复兴而奋斗的接班人，是当前学校教育的重要目标。对于世界形势和中国发展变化问题，学校要引导学生从百年党史历程中去探寻，从全国人民创造伟大社会变化中去体会，从建设中国特色社会主义事业的过程中去把握，正确认识和利用人类社会发展规律，充分认识到中国共产党的领导和中国特色社会主义制度在中国发展是历史的必然和人民选择的结果，树立当代中学生正确的政治观念和崇高信仰。

　　2. 明晰中学生的中国梦现实路径

　　学校推进立德树人工作要坚持育人为本的教育属性，明晰中学生实现中国梦的路径。首先，横向联动，聚焦于学生主体本身，以中学生的思想成长需求为导向,遵循中学生个性特点和成长规律,关注和服务学生在精神层面的现实发展需要,强化学生世界观、人生观、价值观等方面的培育,帮助中学生扣好人生的"第一粒扣子",夯实理想信念的基础性前提。其次,纵向推进,"中国梦"要与青年学生成才相结合,学习知识是中学生的首要任务,树立梦想从学习入手、成就靠个人本领的观念,培养科学思维方法和提升创新创业能力,在社会的各种考验中练就过硬的真本领,在实现中国梦中展现青春力量。最后,始终坚守对教育价值的追求,立足于中学生全面而自由的发展,实现学生思维养成、知识学习和能力提升的融合发展,引导中学生自觉承担时代责任和历史使命,在追求国家民族发展之中实现个人的理想。

(四)加强和改进思想政治工作的本质要求

加强和改进思想政治工作要坚持以习近平新时代中国特色社会主义思想为指引,学校依据新时代中学生群体的自身特点,明确育人新任务与新要求,才能有效地改进学校思想政治工作和提升育人效果,让广大教师成为新时代青年学生的引路人。全国思想政治工作会议强调,坚持把立德树人作为中心环节,贯穿教育教学全过程,实现全程育人、全方位育人。思想政治工作关乎学校办学方向、关乎育人根本。

1. 方向上坚持"四个服务"

围绕立德树人,育人工作要始终坚持以"四个服务"为导向。即"为人民服务,为中国共产党治国理政服务,为巩固和发展中国特色社会主义制度服务,为改革开放和社会主义现代化建设服务。"[①]"四个服务"构成了一个有机统一的整体,从本质上看,"四个服务"贯穿于中国特色社会主义伟大实践,并集中体现在中国特色社会主义教育发展的全过程,内含于学校思想政治工作的全过程。"四个服务"回答了学校"培养什么人、怎样培养人、为谁培养人"这一根本问题,准确定位"德"的实践标准、把握住育人工作的核心内容[②],这一思想深度契合我国发展的历史逻辑、现实国情、时代要求,深度契合我国学校发展的现实情况

---

① 习近平在全国高校思想政治工作会议上强调:把思想政治工作贯穿教育教学全过程,开创我国高等教育事业发展新局面[N].人民日报,2016 - 12 - 9.

② 张国祚.深刻把握"四个服务"的科学内涵[N].光明日报,2017 - 6 - 30.

和发展趋势①,这是学校开展育人工作的逻辑起点与价值归旨。

2. 理念上坚持"以学生的全面发展和健康成长为中心"

围绕立德树人,思想政治工作在理念方法上要坚持"以学生的全面发展和健康成长为中心"。坚持这一中心的根本在于要时刻坚守"问题意识"。正确认识问题是解决问题的前提条件,有助于提升思想政治工作专业性、科学性,坚持问题导向也是学校教育实践中得出的经验法宝,始终做到"围绕学生、关照学生、服务学生",才能将教育目标与受教育主体更好地结合起来,通过思想政治教育的教化作用,传递正能量,从而赢得学生的喜爱和支持。在实际工作中,学校加强和改进思想政治工作,一方面要努力解答学生的思想困惑与实际问题,将学生需要度、受益度、满意度、持久度作为检验思想政治工作成效的根本原则,从而帮助学生身心健康成长。另一方面,要树立工作的科学化理念和多元化方案。立德树人需要分层、分众、分需进行教育,思想政治工作也要精准有效。即了解每一个学生的个性与兴趣差异,将社会培养的要求与学生个体发展的差异统筹安排,确保符合教育总体要求的前提下,结合学生的特长,在课堂学习、道德培养、兴趣爱好等方面都获得充分的发展。

3. 方法上坚持"因事而化、因时而进、因势而新"

围绕立德树人,思想政治工作在方法层面要切实体现"因事而化、因时而进、因势而新"。这一要求,指明了加强和改进思想政治工作需要向更精准、更灵活、更具体的方向发展。"因事而化"要求学校在思想政治工作中要积极主动解决好各种瓶颈问题。破解的密码就在于对问题的认识与对策,学生的情感变化往往是由于事件而引起,因此,在教学教育过程中充分考虑到学生群体的情感共鸣点,摆脱教条式的说教和灌输,要从小事、从实践、从需求多角度阐释。"因时而进"要求学校思想政治工作关注时代变化,把握时代脉搏,顺应时代潮流。时代进步为思想政治工作的开展提供了机遇,思想政治工作必须跟随时代步伐,在时代发展过程中始终站在前列,将学生的思想观念和道德素质提升与时代发展要求保持一致,朝着更高的思维思想前进,从而推动时代进步。因此,学校思想政治工作必须聚焦时代主题,贴近学生实际,综合多种方法。"因势而新"要求学校思想政治工作紧跟发展大势、与时俱进、创新发展。针对教育机

---

① 常青,李力.扎实办好中国特色社会主义高校[N].光明日报,2018-02-12.

制、育人目标、教育形式、队伍建设、基本保障等方面存在的问题精简优化、统筹安排。例如,要着力解决课程育人中知识教育与思想政治教育的"两张皮"问题;解决"网络育人"过程中"失声""失语""失踪"的问题;解决"心理育人"中各类教育与心理健康教育难以结合匹配的难题;解决"组织育人"中形式单一、方法陈旧、思维固化的难题等。只有牢牢把握思想政治工作的内在逻辑,搭建创新载体,优化内外资源,释放活力,激发动力,才能增加吸引力与感染力。

三、新时代学校立德树人的实践指向

从学校落实立德树人的教育背景与主要内涵来看,其根本的任务就是要解决"立何德、如何立德,树何人,如何树人"这一根本性问题。这在微观层面上关涉到学生主体成长的意蕴,在中观层面上关涉到学校不断改进工作的方向性问题,在宏观层面上关涉到学校党政干部、教师等关键群体引领力的作用发挥问题。因此,立德树人的实践指向需要从学生、学校工作和关键群体三个层面厘定。

(一)学生主体成长的实践指向

从立德树人的内涵要求来看,"立德"是"树人"的前提条件和价值意涵。"德"的基础性意义要求是"德领才、德蕴才、德润才",中学生"崇德修身"要始终放在第一位。"树人"是"立德"的最终目标和价值旨归。人的培养要通过"德"来涵养与浸润,彰显了人才培养的价值导向和总体规定。因此,中学生主体的实践要围绕"立德"展开。

1. 内化"立德"的理想与追求

一是"以德立身"。董仲舒说:"人受命于天,固超然异于群生,入有父子兄弟之亲,出有君臣上下之谊,会聚相遇,则有耆老长幼之施。灿然有文以相接,欢然有恩以相爱,此人所以贵也。"(《汉书·董仲舒传》卷五十六)"德"作为人的一种内在的、稳定性的本色,对于塑造人的价值观念和自身修养是一种独特性、终极性的存在。因此无论历史如何变化,"立德"都始终是人内心最纯真、最自觉的追求,契合了新时代学校立德树人的根本任务的意涵,中学生只有从理解、认可、内化"德"的基础性、前提性意义，才能在实践中真正遵循，进而不断丰富自身的道德涵养与人格魅力。二是要"以德为先"。"德"是检验人才培养的首要标准。"德者本也，财者末也。""欲治其国者，先齐其家，欲齐其家者，先修其身，欲修其身者，先正其心，欲正其心者，先诚其意，欲诚其意者，先致其知，致知在格物。"（《大学》）无不体现了道德品格的首要位置。这一思想契合了当代立德树人"以树人为核心，以立德为根本"①的标准和要求，在具体培养的过程中要摆正德育的首要地位，同时处理好与智育、体育及美育之间的关系，使德育产生统领与灵魂作用。三是"明明德于天下"。"明明德"在当今即指向学校办学的价值取向，首先就是要坚持正确的政治方向。因此，立德树人在新时代有着更为深刻的要求。从本质上看，个人的道德修养是国家、社会道德建设的前提与基础，应当引导将个人的德与社会的德、国家的德有机结合起来。"德"是国家兴旺和发达的来源与依托，孟子以性善论为逻辑起点，提出："以不忍人之心，行不忍人之政，治天下可运之掌上。"（《孟子·公孙丑章句上》）将不忍人之心和不忍人之政有机联系起来，实现由伦理生活向政治生活的上升转化，将伦理道德原则作为政治的基本原则，提升了"德"的地位，显示出"立德"的崇高意义，这对于当今延伸中学生所立之"德"的内涵有着深刻的现实意义。新时代中学生在享受国家发展与进步成果的同时，要将个人的理想与国家的前途命运紧密结合起来。

2. 践行"立德"的方法与策略

一是"知行合一"。孔子提出："君子名之必可言也，言之必可行也，君子于其言，无所苟而已矣"，并要人做到"言必信，行必果"（《论语·子路》）。王阳明说："未有知而不行者。知而不行，只是未知。""立志用功，如树使然。方其根芽，犹未有干；及其有干，尚未有枝。枝而后叶，叶而后花实。初种根时，只管栽培灌溉，勿作枝想，勿作叶想，勿作花想，勿作实想，悬想何益？但不忘栽培之功，怕没有枝叶花实？"（《传习录》）这种"不忘初心、心无旁骛"的道德境界，"知行统一、言行一致"应当成为立德树人在行为效果层面的导向和要求，与新时代立德树人的要求深度契合。二是"皆可成才"。孔子在长期的教育实践中总结出"因材施教"的教育原则，《论语》中多有案例记载。从当前学校落实立德树人

---

① 习近平.在北京大学师生座谈会上的讲话[N].人民日报,2018 - 05 - 03.

根本任务的过程来看,立德树人要有类别、有层次、有重点地规划实行,不应当是一刀切的形态,应当是在把握每一个学生的差异的前提下,有的放矢、精准发力,有效地结合学生个体的道德修养、知识才干的具体水平,将培养的具体要求与个体发展的个性差异结合起来,最终在确保达到教育总体要求的前提下,使每个学生在课程学习、品质道德、个性展示等方面获得充分的发展。三是"内省""慎独"。孔子主张"内省"是日常重要的修养方法,他认为不论是在"德"的认识还是实践层面,都需要有主观的、积极的活动。"见贤思齐焉,见不贤而内自省也。"(《论语·里仁》)强调"内省"对于增强道德修养自信的作用和意义。朱熹主张"无时不涵养,无时不省察",将自我反省的重要性提升到了新的境界。宋明理学家更为强调内省在立德中的作用,提出"省察",即对自身的反省和检察。"慎独"来自"莫见乎隐,莫显乎微,故君子慎其独也。"(《礼记·中庸》)"慎独"强调不因有无监督而变化自身的操守,要求自我克制,始终如一地坚守道德情操。实现"立德",不仅是教育者的实践,在很大程度上取决于中学生自身的认识与努力程度,因此,通过"内省"与"慎独",激发自身主体性,提升主体道德自觉,是立德树人的深层次、核心性要求。

(二)学校工作协同的实践指向

从教育内涵发展的要求来看,立德树人明确化和具体化了学校育人的具体规格和根本标准。学校应将社会主义制度之"德"充分融入立德树人的实践中,实现社会主义现代化建设中人才培养的中心地位和德育的首要地位牢固确立。学校立德树人的实践要在认识层面的基础上进行提炼转化,使其理念、方法与精神契合新时代育人工作新形势、新任务、新要求。

1. 新时代立德树人工作协同的政策要求

从新时代立德树人制度设计的路向来看,随着学校落实立德树人根本任务的持续推进,一方面,学校立德树人育人主体的责任与使命进一步深化,例如班主任工作队伍、专业教师、行政管理人员、后勤服务人员等对立德树人工作有了更深层次的思考。另一方面,中学生成长发展所参与的各环节、各层面、各要素被充分地调动和挖掘,学校要培养中国特色社会主义事业的合格建设者与可靠接班人,不能仅局限于立德树人的思想层面,更要将思想转化为实际行动,这就对学校育人工作的协同性提出了更高要求,体现全员全过程全方位育人要求,形成课堂思政育人、社会实践育人、管理创新育人、服务优化育人、优秀文化育人、各级组织育人长效机制。全国教育大会上强调:"要把立德树人融入思想道德教育、文化知识教育、社会实践教育各环节,贯穿基础教育、职业教育、高等教育各领域,学科体系、教学体系、教材体系、管理体系要围绕这个目标来设计,教师要围绕这个目标来教,学生要围绕这个目标来学。"[①]这标志着立德树人成为贯穿于中学教育的各个环节、各个学段、各个领域、各个体系中主线,这意味着立德树人成为教育教学的中心环节,上升为检验衡量学校一切工作的根本标准。从学校落实立德树人根本任务的情况来看,育人协同的宏观落实可分为校党委工作和行政管理工作;中观落实可分为学校制度层面、年级管理层面;具体落实可分为教书育人、管理育人、服务育人、环境育人等。总体而言,学校立德树人协同内涵得到了极大的深化与丰富。

2. 新时代学校立德树人教育工作协同理念的确立

新时代我国教育事业发展的历史方位与时代坐标是教育工作者必须肩负起"办好人民满意的教育"的职责任务与使命担当,培养德智体美全面发展的社会主义建设者和接班人。从学校教育教学活动开展的出发点来看,各个主体都要自觉遵循教育规律和学生身心成长规律,以促进学生全面发展为目标,立足于自身岗位职责,发挥业务能力,在各个教学环节,融入育人意识,锻炼育人能力,实现育人效果,达到各项工作和各个领域都包含育人理念与功能。协同要指向"共识、共担、共享"。所谓共识,就是要构建协同主体的思想基础,建立关于立德树人的共同认识。所谓共担,就是指学校依据各个主体的育人内容与育人目标,建立与育人内容相适应,契合育人目标的评价尺度与根本原则,形成科学、合理的评价考核标准与考核机制;所谓共享,即是指成果共享、过程共享、资源共享,对于立德树人最终目标的实现要做到人才培养的成果共享,对于育人主体在教育工作中联合行动实现过程共享,对于育人教育资源的充分使用做到资源共享。协同要指向"专业化、职业化、专家化"。从主体构成来看,协同主体包括学校党政干部和共青团干部、思想政治理论课教师和哲学社会科学课教师、辅导员班主任和心理咨询教师等专兼职思想政治工作队伍和党务工作队伍

① 习近平著作选读(第2卷)[M]. 北京:人民出版社,2023:203.

为主体的学校思想政治工作队伍,同时其他学科教师和研究人员、各级各类职能部门的行政人员乃至教辅人员、后勤服务人员等为主体的专业育人与管理服务育人队伍。实现育人主体队伍内外的协同发展,核心指向为"专业化"水平的提升。学校思想政治工作队伍要通过提升"职业化、专业化、专家化"水平实现协同发展。打通"课程思政""管理服务思政"等项目的内在联动,实现专业育人与管理服务育人双向提升,增强立德树人与思想政治课的关联度和融合度,明确育人主体参与的方式方法、育人内容,切实提升专业化水平。

(三)发挥"关键少数"作用的实践指向

"关键少数"是推动事物发展的主要因素,是治国理政的关键主体。从抓"关键少数"的初衷来看,既是抓各级领导主体的岗位责任,也是营造关键主体以身作则、敢于担当、带动全体的良好氛围,内含着"全面"和"关键"相统一、"现象"与"本质"相统一、"顶层设计"和"关键落实"相统一的丰富辩证法意蕴。毛泽东曾指出,"政治路线确定之后,干部就是决定的因素",邓小平也曾指出,"领导干部,特别是高级干部以身作则非常重要。群众对干部总是要听其言、观其行的"。从学校立德树人的本质要求来看,重视发挥关键少数的作用,就是抓住了育人工作的"牛鼻子",坚持了马克思主义辩证法的根本要求,学校只有充分发挥学校党员领导干部和教师骨干群体的引领作用,才能形成持久的立德树人引领力。

1. 强化党员领导干部在立德树人中的引领作用

党的领导是学校实现立德树人根本任务的政治保障,党员领导干部是推进立德树人目标进程的主导力量。当前,学校党建还存在着部分问题,基层党建领域和环节亟待改革和加强。一方面,党组织存在着党的领导弱化、从严治党不力等问题,尤其是部分学校党组织在落实立德树人根本任务上存在的重视程度不够、行动措施不到位等问题。另一方面,学校内一定程度上存在着思想、动机、作风不纯的问题,具体表现为"师德失范""学术不端"等舆情热点问题频出,易造成传播范围广、持续时间长、结果影响深的社会事件。因此,学校应当坚持并不断推进党要管党、全面从严治党的重要政治任务,坚决维护学校立德树人的先进与纯洁。一是学校党员领导干部要牢固树立"四个意识",自觉提升个人的思想觉悟与政治站位,充分发挥学校各级党组织的坚强堡垒作用,引领学校落实立德树人根本任务,确保学校全体党员在政治立场、政治方向、政治原则上和党中央保持高度一致,紧紧抓住立德树人的政治生命线。二是学校要明确全面从严治党的主体责任和规范意识,探索党组织发挥立德树人工作的新途径,建立上下贯通的责任链条,实现责任层层落实与考核评估,有效保障学校党员领导干部落实立德树人根本任务的实际效果。三是学校领导干部不断提高育人素质与综合素养,发挥育人表率作用。作为学校育人工作的组织者与领导者,学校领导干部只有坚持正确的办学方向和育人方向,肩负起为国育人使命感和责任感,始终围绕落实立德树人根本任务要求办学,不断激发全校教职员工的育人动力,选优配强管理队伍与业务队伍,大力加强学校治理体系与治理能力建设,抓好深化教育教学改革和提升人才培养质量的重大课题,才能有效地发挥自身的引领力作用。

2. 强化师德典范在立德树人中的示范作用

学校教育紧扣立德树人根本任务,充分发挥师德典范在学校立德树人过程中的示范作用,培养高素质教师队伍,使其能够以思想的先进性、行为的示范性以及影响深远性特点,对学校立德树人产生强大的推动作用。立德先立师,正人先正己。应当从学校教师中选树一批立场坚定、业务精炼、热爱群体、关爱学生的师德典型,始终牢记为党育人为国育才的使命,充分发挥示范引领作用。一是发挥价值导向的引领作用。社会环境变化影响着人的思想变化在当前社会多元文化并存、多种思潮互融、多样价值涌动的境域下,学校教师树立坚定的理想信念,就是要以崇高的职业理想、正确的世界观和价值观为指引,立足现实,着眼于本职岗位,刻苦钻研教育教学工作,始终谦虚谨慎、戒骄戒躁,不断提升自身理想信念和职业修养,自觉在教育教学实践中贯彻落实党的教育方针。师德典范把"四个服务"作为自觉价值追求,明确全体学校教师奋斗目标和价值追求,增强对职业的神圣自豪感、荣誉使命感,进而带动全体教师更加奋发有为,为推动人才培养提供动力源泉。二是发挥道德影响的引领作用。学校教师的道德情操、思维思想、行为处事以及治学态度等无不深刻地影响着中学生思想境界、道德品质和行事方式的养成。因此,通过师德示范引领,在教育教学过程中不断塑造高尚的道德情操,以优秀的事迹感染学生、以高尚的品德陶冶学生、以渊博的学识影响学生,坚持"以德服人",形成"三全育人"工作格局,要使学生"亲其师而信其道",最终达到"以德树人"的目的。三是发挥行为规范的榜样作用。学校教师外在行为规范具有榜样和示范的作用,对学生思想行为产生潜移默化、深远持久的影响。师德典范表现为学校教师将职业道德理论转化为教学实践行动,做到理论和实践相结合,引领广大教师从心理、教学、生活等各个维度切入,围绕学生、关照学生、服务学生,形成立德树人的全方位合力。

第二章

中学立德树人的历史溯源

中学立德树人总目标的确立,明确了受教育者应具有的道德品质与政治素养,回答了社会培养什么样人的问题。从本质上看,立德树人发端于中国传统文化,践行于中国共产党对于人才培养规划与方针政策的贯彻落实中,与新时代学校育人总体要求保持一致。从历史性的角度来看,不同的历史时期,既有培养人的目标连续性,也有培养人的主旨和任务也具有阶段性,因此整体把握中学立德树人工作,不断进行历史溯源,有助于总结和提炼立德树人实践历程与基本经验,从历史高度进一步深化认识与推动立德树人工作。

一、传统文化立德树人的历史溯源

中华文明历史悠久,在中国古代立德树人的思想早已有所体现。可以说,没有一个民族能像中华民族那样从治国到修身重视道德,早在春秋战国时期,老子在《道德经》中说到"道生之,德蓄之,物形之,势成之"[①]。作为道家的代表人物,老子穷尽毕生,思考"道"与"德"的奥义与关系,他将"德"的思考提升到宇宙之内万物没有不尊重道而重视德的最崇高的程度,这是一种基于德治天下的伟大哲学思想。同时把"道之尊,德之贵,夫莫之命而常自然"[②]融入人生之路的开端和始终。

墨子云"才为德之资,德为才之帅"[③],这清晰地表明了德与才两者之间的

---

① 叶树勋.老子"物"论探究——结合简帛《老子》的相关信息[J].中国哲学史,2021(01):5-12.
② 罗祥相.论老子"自然"思想的逻辑展开[J].哲学研究,2020(02):127-128.
③ 孔毅.智德·智能·才性四本——汉魏之际从重智德到尚智能的演变及影响[J].重庆师范大学学报(哲学社会科学版),2010(4):36-42

关系,德与才在个人发展中缺一不可,无德难以有才,无才也难以有德,德与才往往是相辅相成的。这句话的后半句是"德器深厚,所就必大,德器浅薄,虽成亦小",从墨子的言论可见在先秦时期,人们在著书立说中对人的品德就有了清晰的认知,"德器深厚,所就必大"很显然这种认知已经相当成熟,并得到了主流社会的认同。而且也是在先秦时期,在诸子百家的争鸣中,古人对于立德有了高度的统一,可以一直追溯到先秦时期的大量典籍之中,从历史渊源上讲,"立德"和"树人"始终是国家统治服务的前提下获得个人提升的状态。

《左传·襄公二十四年》这样记载,"大上有立德,其次有立功,其次有立言,虽久不废,此之谓之不朽。"①表明了立德乃是人生中大事。立德被古人放在首要之位,而后才会追求事业立功和论述立言。显然,作为先秦时期德育思想的顶层设计,立德置于功和言之上。"德、功、言"三者是人们所追求的目标,这三点都具有崇高的人生价值,功与言独立于德之下,又与德形成了形态意识的高度统一,因此从政治家到地方官员、士人都把立德放在首位。先秦时期立德为先思想在政治和治国方面促进了大一统国家的形成。由此,在先秦的教育体系中,把培养"德"放在教育的至高无上的地位,统治者认为如果人缺少道德操守,那么他即便有天大的功劳也等于没有,再高明深奥的言论也是无氧之水。因此先秦时期统治者在选贤任能的过程中,德才兼备、以德为先已然成为当时全社会的重要的衡量标准。这种思想为当时社会文明的发展、确定儒法道的地位,并在教育中尊崇儒家思想意义重大,成为教育中比较系统和完整的教育价值标准体系。

在孔子的教育思想中,可以看到"德"在培养"从政的君子"中发挥的作用,孔子为国安邦的思想是建立在君臣理想之上的,在孔子的著作中可以广泛地看到关于德的描述,正所谓"君子怀德",孔子在《周易》的完善中也以"厚德载物"突出了大自然以德为地的儒家正统思想。其以"子以四教:文、行、忠、信"(《论语·述而》)②突出了其在德育思想中的地位,孔子作为我国早期教育历史上德育思想集大成者,其所谓的"行",应该理解为德行,包括人的一切道德活动和道德行为;而"忠",则表现为忠正诚实,甚至舍己为人,并进而忠诚国家与君主;

---

① 徐中舒.《左传》的作者及其成书年代[J].历史教学,1962(11):28-40.

② 徐洪兴.唐宋之际儒学转型研究[M].上海:上海人民出版社,2018:447.

"信"强调的是诚实，不欺诈，要求人务必讲信守承诺；"文"不仅指文献知识，也包括为人处世方面的礼仪、道德知识等。因此，在孔子的教育中，德育为首，缺乏道德素养的弟子是不被孔子所认同的，这也是中华文明中重教重礼的关键，书生既是礼仪制度的践行者，也是礼数的象征，读书人不仅懂文化知识的学习，也必须是道德的制高点，同时为天下服务的思想绵延其后。

传统中国教育的理想是，具仁、智的教育者，传授富含仁、智的内容，采用蕴含仁、智的方法，使受教育者最终成为具有仁、智的人。回望中国教育的历史可以发现，在精神领域存在着一个以仁、智为基本要素的观念运动，这就是从仁智并举到仁智对举再到必仁且智，最终转换为德才兼备的现代表达。虽然中国教育文化博大精深，但仁、智无疑是其核心范畴，而仁智统一则是中国教育精神的基本内涵[①]。

战国时期，孟子继承并发展了孔子的思想，主要的德育观有"寡欲养气，反求诸己，改过迁善，意志锻炼，以友辅仁"。该观念在实践中形成，所以学习孟子的思想关键是要认识到其人性善的思想，同时把思想的教育提到了一定的高度，突显公民道德教育的重要性、主体性，在当时的教育背景下，主要是将孟子的思想作为强化道德教育实践作用的参照，这也是统治者所乐见的民教思想。而孟子德育思想中所蕴含的公民道德教育的重要内容，对于今天道德教育教化思想与方式仍有借鉴价值。

孟子重视教育，尤其重视德育。"逢蒙杀羿"在孟子看来"是亦羿有罪焉"。这"罪"就是只注重传授知识技能却忽视德育。当前的教育现实中，也一定程度存在不尊师重教的现象，这是德育缺失或不达标带来的消极后果。目前中国教育界形成立德树人的教育宗旨，使蕴积丰沛德育思想的中华优秀传统文化重新受到重视，其中孟子是中国教育史上讨论德育哲学的重要代表[②]。对于今天来说，完全照搬传统文化中的道德规范及其思想难以适应时代变化和社会发展的需要，同时，传统道德对于认知中华德育思想的历史演变过程以及传承德育基础上完善当代立德树人工作，都具有重要借鉴价值和现实意义。

---

① 刘庆昌."仁""智"范畴与中国教育精神[J].教育发展研究,2020,40(10):1-12.

② 张震.孟子德育哲学的四方架构——古典立德树人思想诠释之新视域[J].现代大学教育,2020,36(04):84-92+112.

中国儒家思想无疑是优秀传统文化德育观的统帅,儒家经典书籍《四书》的《大学》,开篇明确讲述"明明德"①,即发扬优良品德,因此德育在教育中的地位至关重要。而在《管子·权修》中,就有这样的记载"一年之计,莫如树谷;十年之计,莫如树木;终身之计,莫如树人"。这可以说是最早期儒家学说中关于立德树人的精辟描述。

中国传统德育的具身性特质包括:融入现实生活情境的实践品格、内在超越的价值追求和德福一致的幸福观。因而,传统德育的具身性为立德树人教育事业提供了坚实文化根基:其一,传统德育的具身性启发了当代德育的身心合一实现路径;其二,传统德育具身性的实践品格将"良心""良知"提到了当今德育的重要位置;其三,传统德育具身性的圆融性特质为马克思主义幸福教育观提供了传统文化土壤②。

近现代国民教育体系中就包含了立德树人思想。

严复作为传播自由的主力,在《原强》一文中首倡"鼓民力、开民智、新民德"③,以学西洋之意富国强民,所以提出了"以自由为体,以民主为用"的深刻命题,深刻认识到民族独立和国家发展需要每一位公民素质的提升。这也可以说是近现代德育思想的启蒙。

梁启超认为近代教育的主要目标是要培养学生的权利思想。换言之,教育要使国民具备公民人格,享有人权,并能自动、自主、自治、自立等,为"新民为今日中国第一急务"④。这也是其被称为"新民说"的启蒙者之一的依据。

1902—1906年间出版的《新民说》中,梁启超极力倡导西方文化关于公德的诸多观念,但在最后三节转向对私德的重视。1905年12月发表于《新民丛报》的《德育鉴》延伸了他此时对于儒家注重私德传统的推崇。他撷取多年研习所服膺的65位先贤大儒421条语录,阐述了辨术、立志、正本的德育之道,存养、省克的修身之术,以及致用、救世的处世之议。他力主以王学养育私德,成

---

① 品元.《大学》之道学阐微[J].求索,2010(03):120-122+228.
② 李申申,常顺利.弘扬具身德育文化传统优化立德树人落实机制[J].中国特殊教育,2020,No.242(08):3-8+21.
③ 张永新.简论严复"鼓民力、开民智、新民德"的教育观[J].教育评论,1997(1):54-55.
④ 侯蓝烟.梁启超群治文学观研究[D].太原:山西大学,2015.

就伟大人格,匡救颓废国势[①]。

　　新文化运动时期,陈独秀曾明示个体个性的价值,他主张建立"惟民国家",认为民族发展的方向要实现民主[②]。作为公民权利与公民参与思想的代表性人物胡适,明确指出文化与制度方面的改变对中国发展至关重要,其中就包含对于教育制度改良的相关内容。胡适立足于宪政和法治进而去理解公民的生活,从人类文明的高度观察和审视存在的问题,以及分析问题,所以在当时的德育思想的形成中,德育思想的依托是宪政。鲁迅提出立人与立国思想,是以"人"来贯通的,他提出"以人为中心",关注现实社会中人的地位和处境。鲁迅坚持以"立人"思想启蒙民众思想,这也集中体现了立德思想的表达,他所认同的教育思想极为看重人在社会中的精神独立与自由,以及独立人格。同时鲁迅把"立人"与中国进步结合起来,他说:"惟有民魂是值得宝贵的,惟有他发扬起来,中国才有真进步。"[③]

　　蔡元培是公民公德教育的代表人物,面对当时民族存在亡国灭种的危险,他认识到传统愚忠愚孝思想带来的思想束缚和社会危害,从而结合社会发展状况,提出了具有时代特色的新的德育思想,并将之作为未来国家培养良民的重要战略,他提出"自由、平等、亲爱、道德之要旨,尽于是矣"[④]。其思想虽来源于西方,但也包含中国化的成分,为现代德育建设奠定了理论基础。

　　乡村教育运动领导者之一陶行知先生,将"使全中国人都受到教育"[⑤]设为目标,陶行知先生以身作则践行自己的教育观,并积极倡导六项大的教育运动,在这些运动中陶行知先生建立并实践着他的"生活教育"的理论。陶先生明确提出了"教学做、智仁勇、知情意、教育与训育合一"[⑥],这是一种新兴的人才培养观,这种观念把"求真"和"做真人"作为明确的育人目标并付诸实践,这与现如今的"把学生培养成为合格公民"的基本理念不谋而合。陶行知的"生活教育"理论深受杜威教育思想的影响,并充分结合转型期中国社会的剧烈变革实

①　李喜英.梁启超《德育鉴》思想的现代价值[J].齐鲁学刊,2020,No.278(05):25-32.

②　闾小波.何以安民:现代国家"根本性议程"的赓续与创制——以王韬、李大钊和毛泽东为中心的讨论[J].文史哲,2020(2):5-20.

③　唐先田.不灭的民族之魂[J].安徽大学学报:哲学社会科学版,1981(4):51-55.

④　李玉胜.为了教育的自由——蔡元培教育理念和实践透析[J].开封大学学报,2012,26(4):16-20.

⑤　张志刚.陶行知生活教育理论对基础教育改革的启示[J].文理导航,2011(12):42.

⑥　管霞.陶行知美育思想研究[D].重庆:西南大学,2016.

际情况,不断摸索学校办学实践的创新形式,形成了富有中华民族特色和符合国际前沿教育意识的本土教育理论。其"生活教育"理论探索在不同历史时期均能紧扣时代需要而展开其丰富的时代内涵,凝聚着特定时期中国人民的宝贵教育经验与智慧,引领学校变革实践的正确航向①。

现代德育教育理念根植于中华传统的德育观,汲取了近代教育家、思想家的教育理想,更重要的是社会主义教育观对中小学生德育观产生了促进和内化的积极影响。但长期以来,我国的德育沿用的是"大教育"方针,在教育方式、教育内容、教育重点等方面差异化把握不足,例如学校在落实机制、理论研究、课程开发、地方特色等方面变化不多,最终流于形式,对于真正意义上的德育体系化、实践化、属地化,仍然有发展空间。

二、党的教育方针立德树人历史演进

新中国成立初期,百废待兴,基于国家建设的现实要求对人才的需要十分迫切,这就对我国的教育发展提出了更高要求,首先需要解决的问题是培养什么样的人。在新中国成立前夕,《共同纲领》经全国政协会议审议通过,其中提道:"中华人民共和国的文化教育为新民主主义的,即民族的、科学的、大众的文化教育。"

1949 年 12 月,教育部召开首次全国教育工作会议,在会议上正式提出:"为人民服务,首先为工农服务,为当前的革命斗争与建设服务。"体现了人才培养的教育目的贯彻了这一教育方针。

从 1952 年开始,教育领域更具社会主义色彩。1954 年 2 月,周恩来总理在政务会上指出:"我们向社会主义、共产主义前进,每个人要在德、智、体、美等方面均衡发展。"这是"五育"的基础,这个概念的提出意义重大。在另一份文件中,也就是《1954 年文化教育工作的方针和任务》里,再次强调了"中等教育和初等教育,应贯彻全面发展的教育方针,为培养社会主义社会的建设者而奋斗"。

---

① 黄书光.陶行知的学校变革探索与"生活教育"理论建构[J].四川师范大学学报(社会科学版),2022,49(03):106-113.

在社会主义改造时期，我国对农业、工业、商业进行了改造，随后社会主义建设需要能够适应社会变化发展的高素质人才，因此，我国学校教育的方针政策也随之调整。

1957年2月，毛泽东主席撰写了《论正确处理人民内部矛盾》一文，文中提出要落实使受教育者在德、智、体方面均能得到发展的教育导向要求。这一要求是马克思主义关于人的全面发展学说在我国教育实施过程中的具体体现，契合了社会主义教育方针，表明了社会主义全面建设时期人才培养的重要领域。党中央、国务院1958年对教育提出明确指示："党的教育方针是为无产阶级政治服务，教育与生产劳动相结合。"新中国成立后，这是中央首次在文件中用"教育方针"这个说法来表述政策。明确要求教育培养有社会主义意识的、受过教育的劳动者，也就是后来的"教育必须为无产阶级政治服务"。此后，人们把这一政策与1957年的教育政策融合，成为当时一项统一政策来付诸实施，在全国范围内实行。

1961年，《教育部直属高等学校工作暂行条例（草案）》提出了新的教育政策，并于1978年写入《宪法》，即："教育必须为无产阶级政治服务，必须与生产劳动相结合，教育和体育事业得到发展，成为具有社会主义觉悟的受教育者。"正式纳入宪法更有力地保障了政策的实施。

进入改革开放时期，党和国家事业发展重心转向"以经济建设为中心"，加快了社会主义现代化建设进程。社会的全面发展对教育进步提出新的要求，人才培养也要依据社会需要同步推进，但由于建设经验不足，新阶段处于一个摸索时期，教育领域也进入摸索阶段，也是在这一时期，中国特色社会主义的教育方针也在逐步完善发展。

20世纪80年代初，中共中央发布决议，要求坚持德、智、体全面发展，通过马克思主义世界观与共产主义道德教育来教化、培育青年，此外，还明确提出"双结合"，即将知识分子与工人农民相结合、脑力与体力劳动相结合。同时宪法（1982年）也明确规定培养青少年儿童在德智体等方面全面发展。以上政策具有极其鲜明的导向作用，推动了教育事业的进一步恢复发展，起到了拨乱反正和正本清源的作用。1983年9月，邓小平提出了"三个面向"的思想，这也成为社会主义教育现代化建设的指导思想，并始终影响着此后教育方针的确定。

《中共中央关于教育体制改革的决定》中明确指出：社会主义建设和教育要相辅相成，相互依靠，还将其直接写入了"三个面向"。这一决定的提出标志着在教育领域出现了重要的转折，即由"教育为政治服务"转变为"教育必须为社会主义建设服务"，这个转变也成为教育领域的重要里程碑。

20世纪90年代初，教育方针进一步朝着完善和全面的方向发展。党的十三届七中全会于1990年12月30日召开，通过了"八五"计划，提出继续贯彻教育必须为社会主义现代化建设服务，必须同生产劳动相结合，培养德、智、体全面发展的建设者和接班人的方针，明确了教育的任务、路径和目的。

1993年《中国教育改革和发展纲要》再次重申教育必须为社会主义现代化建设服务的方针。1995年3月会议上通过的《中华人民共和国教育法》对此项方针继续执行，但从表述上对文字有了许多重要的修改，例如：增加的表述"社会主义事业的"加在了"建设者和接班人"之前，而原有的"德、智、体"这三者后面，增加了"等方面"的表述，这些表述上的变化从一定程度上显示了国家在教育政策导向、方针认识上进一步走向深化。到这一时期，在教育的根本大法中明确包含了我国的教育目的，这也表明其被赋予了重要的法律意义。

1999年6月第三次全国教育工作会议上，新的教育方针首次提出了教育"为人民服务"和"坚持教育与社会实践相结合"。江泽民在讲话中指出：要坚持教育为社会主义现代化建设、为人民服务，坚持教育与社会实践相结合，以提高国民素质为根本宗旨，以培养学生的创新精神和实践能力为重点，努力造就有理想、有道德、有文化、有纪律的德育、智育、体育、美育等全面发展的社会主义事业建设者和接班人。

世纪之交，素质教育的理论探讨与实践成为热点，新时代为教育带来新元素，新的元素也被纳入教育方针之中。1999年九届全国人大二次会议上，《政府工作报告》在人才培养目标里更具体地提出了"美"的要求。新时期的教育方针里增加了这样的表述："培养德、智、体、美等方面全面发展的社会主义事业建设者和接班人。"2002年党的十六大提出必须坚持教育为人民服务，为社会主义现代化建设服务，同时也要与生产劳动和社会实践相结合。

2007年党的十七大提出育人为本、德育为先，同时在新的时代背景下要提高教育现代化水平，全面实施素质教育，再次重申要培养德智体美全面发展的社会主义建设者和接班人,党的教育方针赋予新时期内涵。

三、新时代党的立德树人方针回顾

　　党的十八大以来,党中央围绕立德树人的重要性多次进行强调。2018 年 9 月 10 日的全国教育大会提出立德树人是人才培养的根本任务,同时进一步强调立德树人的系统性要求。全国各地深入落实相关重要论述精神,进行立德树人理论和实践创新,逐步体现德育系统性要求,积极探索立德树人协同机制。

(一)党的历史实践赋予立德树人的使命与责任

　　新时代确定立德树人作为"根本任务",是对党的优秀教育传统的继承,也是赋予教育发展新的时代内涵。党中央高度重视学校立德树人工作,强调重在真抓实干。早在地方工作时期,习近平就明确要求"各级党政一把手要亲自抓,分管领导要具体抓,要把教育工作摆上党委和政府的重要议事日程,定期研究,建立和完善制度,切实加强领导"[①]。1991 年 7 月,党中央召开专题会议,研究中小学德育工作,指出德育主要内容是把育人作为核心,爱国主义教育作为教育主线,以行为规范训练和养成教育为基础,会议还出台一系列举措,例如成立青少年教育领导小组,德育专项经费列入年度教育经费安排,确定重点建设首批 10 个市级德育基地,等等[②]。他曾多次深入闽江大学、福州师专、福建师范大学等学校现场办公,同师生座谈,以及亲自上讲台作形势与政策报告,真正做到一把手关心、熟悉和研究立德树人工作。党的十八大报告进一步强调立什么德、怎样立德,树什么人、怎样树人等根本问题。2018 年 9 月 10 日召开的全国教育大会上,党中央再次强调"要把立德树人融入思想道德教育、文化知识教育、社会实践教育各环节""要深化教育体制改革,健全立德树人落实机制。"党的十九大报告中再次强调:"要全面贯彻党的教育方针,落实立德树人根本任

① 习近平在我市庆祝教师节暨市优秀教师(教育工作者)表彰大会上强调:振兴福州应把振兴教育放在首位[N].福州晚报,1994 - 09 - 09(3).
② 市委常委会专题研究中小学德育工作[N].福州晚报,1991 - 07 - 25.

务"①。贯彻落实党的二十大精神是新时代新征程加强和改进思想政治教育的重要抓手。党的二十大报告阐明了新时代立德树人工作的社会环境和定位指向,有利于提高育人的战略站位,拓展育人工作的格局视野。报告中的新表述、新概括、新论断是立德树人理论研究的新内容,也为立德树人实践运行提供了新思路,对于健全立德树人体制机制、完善工作体系、推进话语创新、焕发工作生机具有重要意义②。

1. 为谁培养人

党中央旗帜鲜明地提出教育"为谁培养人"的四维内涵,即要"为人民服务、为中国共产党治国理政服务、为巩固和发展中国特色社会主义制度服务、为改革开放和社会主义现代化建设服务"。这从价值方向上指明了立德树人的发展前途。

首先,立德树人要为人民服务。从理论层面上看,人民性是马克思主义理论的鲜明特征,马克思主义理论是我国一切工作的理论基础和行动指南,马克思主义学说区别于其他学说的重要特征之一就是指出"只有人民才是创造世界历史的动力",社会主义国家必须"办好人民满意的教育"。因此,在落实立德树人实践过程中,学校要"以学生为中心",将学生的发展、需求以及满意度作为教育的重要标准,这样才能得到师生对社会主义的认同和拥护。新时代学校德育工作取得明显实效,智育水平得到有效提升,体育工作显著改善,美育工作持续向好,劳动教育短板正在加快补齐。新时代党中央关于立德树人基本要求,是对我国优秀教育传统的创造性继承,是马克思主义关于人的全面发展思想的中国式创新性表达,是新时代中国特色社会主义教育发展的行动指南③。

其次,为治国理政服务是立德树人的工作目标。当今世界各国之间的联系更加紧密,既为各国发展带来新的机遇,也增加了风险挑战,各种社会思潮涌入国内,社会观念、意识形态、主流思想都受到一定冲击。尤其是一些非社会主义

---

① 习近平. 决胜全面建成小康社会 夺取新时代中国特色社会主义伟大胜利——在中国共产党第十九次全国代表大会上的报告[M]. 北京:人民出版社,2017:45.

② 代玉启,于小淳.党的二十大报告赋能思想政治教育的三个维度[J].思想教育研究,2023,No.344(02):30-34.

③ 吴安春,姜朝晖,金紫薇等.落实立德树人根本任务——习近平总书记关于教育的重要论述学习研究之十[J].教育研究,2022,43(10):4-13.

思想也杂糅其中。立足于现实状况的发展变化,教育要始终坚持党的领导,把"坚持党的领导"融入思政教育和专业教育之中。保持头脑清醒,从根本上认识到错误思想的根源在于历史虚无主义,因此,要加强对学生建党历史、新中国历史的教育,让学生认识到中国共产党在领导新民主主义革命、社会主义建设过程中的巨大付出和历史贡献,批判历史虚无主义,从建党历史和新中国发展史角度加强对学生的教育,树立文化自信并坚定信仰。

再次,立德树人要为中国特色社会主义制度的发展和巩固服务。中国特色社会主义制度不同于资本主义制度,具有明显的集中力量办大事的优势,从内部结构来看,中国特色社会主义制度内在稳定,协调统一,丰富了人类制度文明的宝库。

最后,立德树人要为改革开放和社会主义现代化建设服务。当前处于社会主义现代化建设的新时期,同时也是改革开放的深水区。为更好应对新时期与深水区,做好人才资源储备工作,建立人才发展机制充分调动人才积极性与创造性,中学教育要以为全面深化改革开放服务、为社会主义现代化建设服务作为人才培养的重要导向,培养出一批无私奉献、责任担当、德才兼备的高素质的时代新人,在中国共产党的领导下,继续深化改革开放,破除瓶颈期,成为建设社会主义现代化的中流砥柱。

2. 培养什么人

党的二十大报告强调:"育人的根本在于立德。全面贯彻党的教育方针,落实立德树人的根本任务,培养德智体美劳全面发展的社会主义建设者和接班人。"[①]相关重要论述对于解释目前教育普遍关注的"何为德智体美劳全面发展"及"何为社会主义建设者和接班人"这两个问题,有着重要指导意义。

第一,关于"德智体美劳全面发展"。首先,德育在人的全面发展中起主导作用。人是社会性的动物,在长期实践中形成的道德意识是区分人与动物的重要特征,道德是人的全面发展的灵魂。其次,智育是人们认识世界和改造世界的知识和能力。立德树人要通过一定具体化形式表现出来,而不能仅停留于思想之中需要借助一定的学科知识和专业技能进行培养,否则只能沦为空谈。再次,体育不仅可以强健人的体魄,而且能锻炼人的意志和培养人的体育道德。

---

① 习近平著作选读(第1卷)[M].北京:人民出版社,2023:28.

正如 2018 年全国教育大会时指出的那样,"要树立健康第一的教育理念,帮助学生在体育锻炼中增强体质、健全人格、锤炼意志。"除此之外,美育是教育人们感受、理解和评价美的能力。最后,生产劳动是人类赖以生存和发展的基础,劳动教育在人的发展过程中起着至关重要的作用,中学立德树人的教育目标要在劳动教育中促进学生的劳动观念、劳动能力、劳动精神。

立德树人是党和国家培养人才的根本和核心,是中华五千年优秀教育思想的精髓,也是学校教师教书育人的重要任务和责任。学校教师应该坚持"三全育人",不断改进、提升思政课程,优化课程思政,提升教学效果;主动培育和践行社会主义道德观念和核心价值观,立德修身,提升内涵;做好立德榜样,言传身教,以身示范,引导和带动广大学生树立正确的道德准则和价值观念,成长为全面发展的社会主义建设者和接班人[①]。

第二,关于"社会主义建设者和接班人",首先社会主义建设者和接班人是牢固树立"四个意识"和坚定"四个自信"的人。树牢"四个意识"即"政治意识、大局意识、核心意识、看齐意识",坚定"四个自信"即"道路自信、理论自信、制度自信、文化自信"。随着时代的发展,多元化社会思潮影响着人们的思维思想,中国亟需一批从内心认同社会主义核心价值观、坚定对共同理想的追求,坚持共产主义的信念,信任中国共产党的时代青年,这样才能增强主流意识对中学生的引领力,避免迷失方向。其次,鼓励引导青年学生在对美好生活的追求中,在实现自我价值的过程中,牢记自己肩上担负的社会使命。未来属于青年,希望寄予青年。广大青年学生要增强能力本领、敢于直面困难、不断完善自我,同时也要承担相应的社会责任,自愿投入为建设社会主义而不懈奋斗的洪流中。

3.怎样培养人

做好立德树人工作,要因事而化、因时而进、因势而新,要遵循思想政治工作规律,遵循教书育人规律,遵循学生成长规律,不断提高工作能力和水平。"三大规律"的论断总结了中国共产党思想政治工作的理论经验,为做好新时代学校思想政治工作指明了实践路径,是当今开展立德树人工作的行动指南。

第一,遵循思想政治工作规律可以保证社会主义办学方向,可以正确把握和解决为谁培养人和培养什么样的人的根本问题。同时,也只有遵循思想政治

---

① 李斌,任博,陈俊红.立德树人:高校教师的任务、内涵和责任[J].中国冶金教育,2021 (05).

工作规律,才能提高教书育人的时效性,保证又红又专和德才兼备。教书育人是人类文明得以传承的基本途径。在我国传统社会,"教"指教化,具体表现为政以体化、教以效化、民以风化,在学习过程中,都是经验和知识的传承;"育"是指养子使为善,教育的目标是培养人。在阶级社会,统治阶级意志决定社会培养什么人,是人的培养服务于统治阶级意志。学校教育作为上层建筑的组成部分,需要服从并服务于统治阶级意志,为统治阶级培养人。有一种观点认为,教育是培养人,而不是培养具有阶级性的人。这一观点忽视了教育所处的社会发展阶段以及国家的存在对教育的影响。主张学校精神独立,是试图否定立德树人在学校合理存在的表现。

第二,遵循教书育人规律和遵循学生成长规律把教育者和受教育者统一起来,是保证思想政治工作主客体关系协同构建的基础。改革开放以来,党中央对思想政治教育工作先后从学校德育等方面颁布相关实施意见,取得显著成效。同时,随着社会的变迁和学生思想状况的变化,教师在立德树人工作中的主体责任越来越突出。一方面,作为中学育人主要队伍的思想政治理论课教师和班主任,在教育内容上存在着理论与现实脱节,在教育方式上存在着结论先行、照本宣科、自说自话等问题,未将马克思主义理论的彻底性、环境的复杂性和学生主体选择的多样性有机统一起来,思想政治教育的针对性、亲和力和实效性不强。另一方面,授课教师存在思想政治教育是政治课和班主任的事,跟其他课程无关等认识误区,出现重知识教育轻德性培养、重学习成绩轻育人工作等问题。道德涵养与知识传授并重而行是授课教师的主职主责,若仅传授知识技能,而忽视道德品质培养,则与以德立身、以德立学、以德施教的现实要求相脱节。其中最突出的问题是教育主客体中的代际关系如何影响教育内容、方法、途径等的科学组织。一直在努力解决的教育目标倒置、教育内容简单重复、大中小学德育缺乏衔接等问题都和这个认识有关。认识学生成长规律需要把学生的生理成人、心理成人、法理成人和精神成人统一起来,综合判断学生的世界观人生观价值观形成的规律。遵循教书育人规律进一步明确了教育者的角色功能,有利于教育者遵循教书和育人、言传和身教、潜心问道和关注社会相统一的原则。

第三,从整体性上把握三个规律促进人的全面发展。人的全面的发展是马克思对人的价值实现的最大构想,也是对资本主义社会中人的异化现象的对立批判,是共产主义社会人的最终发展阶段。聚焦人的本体,马克思认为人的全面发展来源于自身的多种发展需要,即对个人自由的追求。但在资本主义社会里,资产阶级通过建立资本主义制度和世界市场的开拓,将未开化的落后地区和封建制度的古老国家以及一切家庭、社会、人与自然关系都改变了,将任何关系与情感都以金钱货币的形式衡量,不断扩大资本的覆盖范围,使人与人、人与自身的关系都走向扭曲,其结果是人的片面发展被推向极端。社会主义人才培养目标是培养德才兼备、全面发展的人。遵循思想政治工作规律保证了人的思想素质、政治素质的发展;教书育人规律和学生成长规律保证了思想政治教育目标科学化和精准化,目的是避免教育的工具性、短期性和物化取向,从而培养全面发展的人。

第三章
中学立德树人的现状分析

现状分析既是解决实践需要的前提条件,也是进行理论探索的逻辑基础。对当前中学立德树人现实状况的成效与不足进行审视,构建立德树人协同运行机制,成为中学立德树人机制改革的必然。从立德树人的教育主体与客体关系、人的价值观自我生成,到立德树人的社会环境变化,都给育人价值观和育人方式带来了冲击,育人更需要协同思维方法,这些都对中学立德树人提出了加快构建协同运行机制的现实要求。

一、中学立德树人的基本目标

学校立德树人围绕总体目标和具体目标,各构成要素相互联系、相互作用,构成一个有机的运行系统。在立德树人过程中,这一系统总是围绕着特定的目标,促使各要素能够为实现某一特定功能而进行整合与联系,推动系统朝着有序、共享、互补、融通的目标运行。这一特定目标,不仅规定了各构成要素的运行规则,也规定了立德树人协同运行的目标方位。

(一)立德树人协同运行的总体目标

马克思人学理论是整个教育目的和教育方针的理论基础,教育内容是以人的全面发展理论为基础展开的。马克思恩格斯以劳动异化为逻辑起点,层层分析,批判资本主义生产方式下个人的片面发展现状,进而提出人的全面发展的理想。教育所培养的社会人,就要将人的全面发展作为一个社会人的全部特征和属性。高度发展的社会要"使自己的成员能够全面发挥他们的得到全面发展的才能"①。

我国教育界对人的全面发展界定,还包括道德、审美等方面的发展,明确教育总目标是培养人"德智体美劳全面发展"。《中华人民共和国教育法》对我国的教育方针作了规定:"教育必须为社会主义现代化建设服务,必须与生产劳动相结合,培养德、智、体等方面全面发展的社会主义事业的建设者和接班人。"2015 年修改的教育法第五条对"全面发展"的界定增加了一个"美"字,表述为"德、智、体、美等方面全面发展"。2018 年,习近平总书记在全国教育大会上的讲话中"德智体美劳全面发展"的表述,再次把"劳"置于五育之中,强调要在学生中弘扬劳动精神,加强劳动教育。这都充分表明我们党对教育所固有的本质的深刻认识,对教育发展规律的自觉运用。"我国是中国共产党领导的社会主义国家,这就决定了我们的教育必须把培养社会主义建设者和接班人作为根本任务,培养一代又一代拥护中国共产党领导和我国社会主义制度、立志为中国特色社会主义奋斗终身的有用人才。"这是教育工作的根本任务,也是方向目标。因此,我们坚持"用习近平新时代中国特色社会主义思想铸魂育人","努力培养担当民族复兴大任的时代新人,培养德智体美劳全面发展的社会主义建设者和接班人"②,教育才算成功,社会主义事业才后继有人,中华民族伟大复兴梦才能实现。不管从人的自由而全面的发展维度,还是从社会主义事业后继有人的政治高度看,学校立德树人始终将"培养德智体美劳全面发展的社会主义建设者和接班人"作为方向目标。因此,我们要把这一总体目标贯穿到教学教育和管理各领域、各方面、各环节,把多种力量汇集成一个总的力量,促使整个立德树人系统中的各个育人要素都朝着这一共同目标互相协作,有序运行。

(二)立德树人协同运行的具体目标

习近平总书记在全国教育大会上的讲话中提出,要着力在坚定理想信念、厚植爱国主义情怀、加强品德修养、增长知识见识、培养奋斗精神、增强综合素质上下功夫,促进学生健康成长。这"六个下功夫"进一步明确了新时代学校立

---

① 马克思恩格斯选集(第 1 卷)[M].北京:人民出版社,1995:243.

② 习近平主持召开学校思想政治理论课教师座谈会强调:用新时代中国特色社会主义思想铸魂育人贯彻党的教育方针落实立德树人根本任务[N].人民日报,2019-3-19.

德树人的基本要求,从"德智体美劳全面发展"来明确了立德树人的所要"立"和"树"的具体内容,也进一步明确立德树人协同机制的具体目标。

1. 德育目标

人的思想品德全面发展决定立德树人的德育内容生成和发展。"一定阶级和社会总是对其社会成员的个体品德做出应然规定,提出政治、思想、道德、法纪、心理等方面的全面性要求,从而形成由政治教育、思想教育、道德教育、法纪教育、心理教育组成的思想政治教育内容的形态结构。"①目前,学界对思想政治教育内容或德育内容的研究比较成熟,成果也非常丰富,基本上都把思想教育、政治教育、道德教育、法纪教育、心理教育等方面内容,集中体现于要在坚定理想信念、厚植爱国主义情怀、加强品德修养三方面下功夫。

在坚定理想信念上下功夫的目标是广泛开展理想信念教育,持续进行补"钙"教育。帮助中学生树立正确的理想信念,把握好人生奋斗的方向,引导中学生自觉把个人理想追求融入国家和民族的伟大事业中,使自己成为新时代的建设者,更是中国梦的承担者与实现者;把"四个自信"融入思想政治理论课教学中,增强中学生对中华优秀传统文化、革命文化、社会主义先进文化的认知和认同,从中汲取民族思想道德精华,传承红色基因,弘扬民族精神和时代精神,以更加充沛的精神状态、更加鲜明的价值追求,汇聚起实现中国梦的青春力量。注重引导受教育者理想、信念、认知、情感、行为有机统一、协调发展,充分发挥各种教育内容、教育因素、教育影响的作用,使得思想政治教育内容的有效实施同样具有整体性,能够变单一为多样、变分散为合力。在厚植爱国主义情怀上下功夫的目标是引导青少年学生了解党情、国情,教育引导中学生热爱社会主义祖国,拥护中国共产党的领导,立志服务人民、奉献国家,树立正确的政治方向。引导中学生主动地、深入地了解世情,树立国际视野,把握世界与中国的发展大势,真正做到胸怀祖国、放眼世界,使学生能够以世界眼光、在更高层次上认识到中国人民选择马克思主义、选择中国共产党、选择社会主义的历史必然性,认识到坚持和发展中国特色社会主义对推动科学社会主义在 21 世纪新 发展的世界意义。在加强品德修养上下功夫的目标是注重培养学生的德行修养,教育和引导学生能尊重社会公德,遵守公序良俗,维护社会公共利益。教育应

---

① 熊建生.思想政治教育内容结构论[M].北京:中国社会科学出版社,2012:95.

和着更全面的人的塑造这一时代节拍,把教育的目标清晰地定义为塑造未来的中国人。立德就是要加强品德修养,更重要的是引导人能守住公共秩序,拥有公德。教育要在这个基础上发生很大的改变。培养公共精神是现代社会对公民提出的一种最基本、最重要的美德要求。"公共精神的本质特征是公共性,并以此与具有私人性的私德相区分。公共精神是公民在参与社会公共生活时,以利他的方式积极关注公共利益,体现出理性风范和美好风尚。"①

德育的三个方面下功夫的目标是属于同一内容表现不同形态的层次结构。各自有自身系列的层次要求,但是多层面构成的复合体,在时间上也有着连续性。它们各自有着丰富的、多样的内容要素以及由这些要素组成的序列。比如,社会主义核心价值观教育,内容包括了国家、社会、个人三个层面核心的价值要求。从国家层面要建设一个"富强、民主、文明、和谐"的国家,从社会层面要构建"自由、平等、公正、法治"人和人之间、人和集体之间的关系,从个人层面要树立"爱国、敬业、诚信、友善"个人的目标,这都完全呈现出时空结合的系统性。

2. 智育目标

智育任务是向学生传授文化知识、技能,发展智力,并使之学会运用知识的教育任务,要在增长知识见识上下功夫。国家和社会培养有用人才的基本要求,就是要有相当的科学文化水平和相当的知识、见识和能力。这里指的知识概念是广义的知识,包含了陈述性知识和程序性知识。经济、科技、社会都具有全方位、多层次变化的特点,智力教育作为人的全面发展教育的重要组成部分,理应体现更多的时代特征。经济、知识形态的快速发展,人的对知识、技能、智力和能力的要求不仅仅体现在学习与认识上;更重要的,它应突出人的创造性,即对快速变化的世界的不断掌握与创新上。随着网络和人工智能等行业快速发展,现代的劳动者只有掌握不断更新的技能,才能跟上现代经济的前进步伐,新时代的劳动者掌握人工智能技术将是一件紧迫任务,人工智能知识的学习也将成为新时代智育内容之一。

教育还要发展智力与增长见识。"教育目的隐含着其理想的新人形象,亦包括其对教育在社会中作用的理解。人的成长理想和教育的理想作用往往是

---

① 傅慧芳.公民意识的要素结构探新[J].福建师范大学学报(哲学社会科学版),2012(2):15.

结合在一起的,在某种程度上可以说理想的人的形象是按照其对教育的理想作用的理解来设计的。"党提出"培养担当民族复兴大任的时代新人",这一重要思想观点直接阐明新时代所要培养的是能够肩负使命担当的社会人才,也把"培育什么样的价值观"同"培养什么样的人"更加紧密地结合起来。这也意味着立德树人不仅蕴涵着其理想的新人标准,亦包括其在国家和社会中的作用。所以,智育的目标要坚持以国家战略和社会发展需要为导向。思想政治教育的本质属性决定了"培育什么样的价值观"与"培养什么样的人"都应同党的奋斗目标和国家战略保持一致。实现立德树人是为社会的发展和进步服务,这是经济社会发展的规律决定的。学校要从国家发展的战略定位来思考思想引领和人才培养,认识到人才培养在实现中华民族伟大复兴的"中国梦"的历史进程中,处在什么样的位置、扮演什么样的角色。

3. 体育目标

体育是教育的基本组成部分,为全面素质发展提供生理前提。青少年时期身体发育状况如何,对一个人终身的健康状况具有决定作用。体育教育是作为活动形式范畴的"身体素质"在教育领域的具体映现,有体育课教学、课外体育锻炼、体育竞技活动和课余体育训练等具体形式。学校要系统地对学生进行体育教育和训练,"从跑、竞走、跳、攀登、投掷等方面提高学生的基本活动能力,从速度、灵敏、力量、耐力和柔韧等方面发展学生的身体素质",让学生获得体育知识和基本技能;以及组织各类体育竞技活动,激发学生参加体育锻炼的积极性和热情,促进他们体格健康、身心健康。倡导与生活实践相结合的生命教育。科技发展、社会进步,给人提供更多的自由全面发展的条件与空间,也加速了人对物质的崇拜、技术的依赖,"而人则作为实现上述目的的手段,成为一种被动的物,原本在生活世界中的人被生活世界遗忘,在生活世界中被异化,人不能感受到生活的意义和健康地走向生活。""人的生命具有唯一性和最高的价值。""生命作为教育的基础,生命的价值是教育的基础性价值,生命的精神能量是教育转换的基础性构成,生命体的积极投入是学校教育成效的基础性保证,人是教育的对象,教育成为生命的教育,才能真正找到教育的归宿。"[①]人意识的形成、行为的发出总是需要依赖于人的生理结构,身心健康是人全面发展的前提

① 陈飞.回归生活世界——思想政治教育研究的一个视角[M].北京:人民出版社,2014:21.

条件。只有具备"生物生命"的个人才能谈得上实现人"精神生命"。"学校体育要以'身体''生活'和'生命'这三个场域发生关联。它们三者之间的基本关系是：身体是外显于人的生命的物质存在状态，生命是在相当程度上是对身体生物属性的超越，与生活共同构成了人类都不同程度地为制度化的学校体育提供了一定的合法性基础。"体育作为完善人性的活动，应该以尊重人的生命、珍惜生命的价值为目的，因为人的社会价值和生命本体价值是内在统一的。

4. 美育目标

美育对学生全面发展和综合素质培养起着不可替代的作用。习近平总书记在全国教育大会上强调："要全面加强和改进学校美育，坚持以美育人、以文化人，提高学生审美和人文素养。"再次肯定和阐释了美育的功能和地位。中华民族自古就有用礼乐教化人格之传统，培养人的美德或美的情操，这是最早的艺术教育。"虽然美育的典型形式是艺术教育，但美育却不等同于艺术教育，更不等同于画画和唱歌等简单的艺术技法教育"，美育是审美教育，是审美与情感相结合的教育实践活动。美育不仅具有情感涵养、道德教化功能，也是一种通过具体形象认识世界的途径；不仅促进身心调和发展，也丰富和愉悦人的精神世界。

在近代，美育是作为一门理论而被提出。德国哲学家、美学家席勒就曾系统地提出要对人们进行审美教育，认为要把审美教育作为一门理论加以研究。我国近现代美育的发展也受到席勒美育理论的深刻影响。20世纪初叶，王国维、蔡元培等先驱人物便开启了中国近代美育先河，并赋予了美育以明确的目的性，即通过引人审美情感的教育，弥补中西传统德性教育的不足，改变近代以来专注于技艺培养而缺乏情感性教育之局面，"化育"人的精神心智，以达到培养完全人的目的。不过，不论是席勒还是我国近代学者的美育观，大都存在着与现实社会实践脱节、追求纯粹理想境界之"美育"。马克思主义经典作家突破了以往狭隘美育理念的局限，主张通过审美地认识、把握、改造主客观世界来实现人的美感能力培养。在马克思看来，"具有高度文明的人"是离不开审美享受能力作为生存条件的。从人所独有的生产特性出发，"人也按照美的规律来构造"[①]。可见，马克思主义美育观具有更为全面而深刻的本质和特征。历史和

---

① 马克思恩格斯文集(第1卷)[M].北京:人民出版社,2009:163.

社会生活对人的美育作用表现在劳动生产力的发展带来了"每个人的自由发展是一切人的自由发展的条件",而"个人的充分发展又作为最大的生产力反作用于劳动生产力"①。所以,个人的充分发展是包含美育的发展。当代中学生美育目标集中指向人性的建构、人格的完善,即"以美成人"。

5.劳动教育目标

劳动与人的全面发展密切相关。"要在学生中弘扬劳动精神,教育引导学生崇尚劳动、尊重劳动,懂得劳动最光荣、劳动最崇高、劳动最伟大、劳动最美丽的道理,长大后能够辛勤劳动、诚实劳动、创造性劳动。"这句话充分体现了马克思主义的劳动观。"坚持马克思劳动价值观的核心在于树立'劳动光荣'的价值理念。"因此,对青年学生进行劳动教育,教育引导他们崇尚劳动、尊重劳动是立德树人的题中之义。劳动教育是基于技术教育基础上,如果学生不掌握一定的生产知识和劳动技能,哪能谈得上合格的建设者呢?我们可以看到智育培养了人的技术能力,而劳动教育培养了人的劳动意识和劳动精神。劳动教育的目标在于促使人自觉参加劳动实践,有意识地通过劳动实践改造客观世界也改造主观世界,从而促进人的全面发展。如果没有劳动教育这一环节,人才的培养就只能在"纸面上"完成所谓的"成长"。

我们把立德树人分为各个组成部分,是为了认识、研究教育层次的必要,而不是人为地割裂人的全面发展概念。毕竟人是由"德智体美劳"各种素质的统一体,各种素质在教育内容也相应表现为德育、智育、体育、美育、劳动教育等各个部分。但是,每一类素质都是一个整体的人发展的不同方面,互相渗透,有机统一地构成人的完整的素质整体。各教育内容和环节之间也是相互渗透的,在现实生活中不可能存在纯粹的德育、智育、体育、美育、劳动教育,每一环节的内容都作为教育整体组成部分,是不能机械分割的。

二、中学立德树人实践取得的主要成效

党和政府历来重视青少年立德树人工作,尤其党的十八大以来,党中央高度重视培养社会主义建设者和接班人,坚持把立德树人作为中心环节,采取一

① 马克思恩格斯文集(第8卷)[M].北京:人民出版社,2009:203.

系列有力举措加以推进。经过多年来的努力和创造性的实践,中学思想政治工作不断加强,立德树人根本任务取得显著成效。

(一)思想政治工作地位不断提高

近些年来,各地各学校全面贯彻党的教育方针,落实立德树人根本任务,通过责任落实、顶层设计、制度建设、机制保障,不断提升思想政治工作地位与功能。一是顶层设计更清晰。实施学校思想政治工作质量提升工程,构建起课程育人、文化育人、实践育人、管理育人、服务育人等多维度育人体系,扎实推进"一体化"育人工作,中学立德树人工作"四梁八柱"框架设计初步形成。二是思想政治工作责任更明确。各学校认真落实思想政治工作主体责任,以党的政治建设为统领,不断加强政治引领和价值引领。各地党和政府领导在第一线,经常性到学校调研督查、作形势与政策报告,各地教育部门领导、学校党政领导站上思想政治理论课讲台,加强党对思政工作的领导、对思想政治理论课的指导。三是思想政治工作机制更具活力。各地各学校坚持把思想政治工作贯穿于教学管理和人才培养全过程,大力构建"党委统一领导、党政齐抓共管、学工部门组织协调、有关部门各司其职、全校上下积极参与"的工作机制,推动形成专业教师、班主任队伍、群团组织协调分工、合力做好思想政治工作的局面。

(二)"思政课程"与"课程思政"建设有机结合

近年来,全国学校积极探索"思政课程"与"课程思政"有机结合的实现途径,坚持显性教育和隐性教育相统一,努力实现立德与树人、育人与育才的有机结合。一方面,"思政课程"的建设力度加大,取得了明显的成效。各学校都开设道德与法治政治必修课程,建设健全涵盖各层次、多介质的立体化教材体系,全面覆盖中学思想政治理论课。在提高学校政治课质量和水平的攻坚战之后,思想政治课气象为之一新,教学吸引力发生很大变化。学校政治课整体抬头率、参与率、获得感不断提升,中学生对思想政治课教师和课堂体验的满意度明显提升。另一方面,各类文化课课程与思想政治课协同育人的格局初步形成,"课程思政"建设效果初显。"课程思政"概念最早源于上海市在实施学校思想政治教育(德育)课程改革中提出的"学科德育"理念。之后,上海市又承担国家教育体制改革试点项目"整体规划大中小学德育课程",聚焦大中小学德育课程一体化建设。2014 年上海市将德育纳入教育综合改革重要项目,逐步探索从"思政课程"到"课程思政"的转变。[①] 2016 年教育部大力推行"课程思政"建设,全国各地学校积极响应、因校制宜,加快推进"课程思政"建设步伐,"各类课程与思想政治理论课同向同行"效应也逐步显现。

(三)中学生思想主流继续呈良好态势

经过长期的努力,学校扎实推进党的建设和思想政治工作,通过课堂和课程这个主渠道,在"思政课程"与"课程思政"同向同行的协同效应下,广大青少年学生的人生观、世界观、价值观的总体趋势和主流是健康积极向上的,思想道德素质整体上呈现出良好的态势。一是将自觉社会主义核心价值观内化于心外化于行。各学校以重要节日为契机,根据学生年龄特征,广泛开展形式多样的主题教育活动,切实培育和践行社会主义核心价值观。中学生也通过学习与实践,开展各类志愿服务和公益行动,在社会实践中受到锻炼,增长才干。二是"四个自信"意识更加坚定。连续多年的学生思想政治状况调查显示,广大师生思想政治状况的主流保持积极健康向上,高度认同党中央治国理政新理念新思想新战略,对我国的发展前景和实现中国梦充满信心,更加坚定"四个自信"。三是自觉地将个人理想追求融入中华民族伟大复兴的事业中,认同并自觉树立与时代主题同心同向的理想信念,自觉将个人梦想融入中国梦之中,融入祖国和民族的发展之中,勇于担当时代赋予的历史责任,把家国情怀转化为奋斗实践,为实现中国梦发挥生力军的作用。

(四)学生综合素质整体性提升

只有德智体美劳的全面培养,才有人的全面发展,立德树人的根本任务才能真正落实。正是基于人的全面发展目标,近些年来,全国学校不断加强德育、智育、体育、美育、劳动教育"五育并举",大力培养中学生的综合能力,促进综合素质整体性提升。除了努力提升中学生的道德品质修养外,还加大对中学生的

---

① 高德毅,宗爱东.课程思政:有效发挥课堂育人主渠道作用的必然选择[J].思想理论教育导刊,2017(1).

文化知识素质、身体素质、心理素质、审美意识与劳动素养等方面的培养。一是坚持学生为本的教育理念,围绕育人根本目标,在课程设置上更加注重科学知识、思想品德、人文素养、实践能力与创新能力的融合,着力培养具有较强综合素质的高素质人才,为中国式现代化建设提供多层次的智力支撑。二是树立起"健康第一"的教育理念,开齐开足体育课,学校系统地对学生进行体育教育和训练,体质健康测试与评价不断加强,促进学生积极参与体育锻炼。三是推动美育在育人体系中的实质性实施。各地各学校按照《中国教育改革与发展纲要》提出美育目标,积极开设美育课程,发挥美育在教育教学中的作用,培养学生健康的审美 观念和审美能力,提高中学生审美与人文素质。四是重视劳动教育,将劳动教育有机融入育人工作,加大中学生劳动技能和劳动精神的培养;还促进劳模精神、劳动精神、工匠精神深入人心。

当然,我们在看到成绩的同时,也要清醒地认识到,跟新时代立德树人的要求相比较,实践中还存在一些薄弱环节。优质教育是人民日益增长的"美好生活需要"的重要内容之一,人民群众对于日益增长的对"美好"教育有着新要求,年轻学生特征有着新变化,学校立德树人实践面临着新挑战、新问题。

三、中学立德树人协同机制的实践要求

人的自由全面发展是马克思人学理论的核心,是衡量社会发展的最高价值标准,也是当今教育目标所达成的共识。立德树人协同机制的构建,基于人的存在和自我价值生成要求,是主客体间交往的关系共在,是多重矛盾关系构成的统一体,蕴含着对马克思主义教育哲学精髓的一种新理解,与人的本质和人的全面发展实现路径相符。因此,构建立德树人协同运行机制,是新时代中学立德树人的实践要求。

(一)人的存在和自我价值生成之要求

马克思人学理论对人的问题的关注是基于现实的、活生生的人,为立德树人中认识人、理解人,提供了理论解读视角。"人的全面发展"观点有助于整体的全面的系统的育人观的确立,为构建立德树人协同机制奠定人学理论基础,

而协同机制的构建也正是基于人的存在和自我价值生成之要求。

首先,这种立德树人协同机制的构建充分体现了人的总体存在。人的成长总是以现实的社会关系为起点。在人的生产和生活中存在着诸多的人的各种实践活动经济的、政治的、文化的以及意识(精神)的等等,同时,它也包含着各种因素和人的各种需求。考察各种社会关系对人的影响,是把握人的思想形成的物质原因。立德树人协同机制的构建正是践行以人为本的理念,以"育人"为核心,对社会关系中的"人"进行必要的"塑造"和"改造"过程。它通过"教育"和"培育"促使人的素质提升以符合社会生产方式变革的要求,与社会进步的发展方向相一致。这是一项既能够适应社会发展需要,又能满足自身的发展需要的实践活动,其生命存在的本质和实践的样式在逻辑上与人的本质是相符合的。

其次,立德树人协同机制的构建是人的自我生成的过程需要。马克思人学理论揭示了人的"自主性",对在立德树人发挥学生自主性、能动性、创造性起到理论指导与推动作用。在立德树人协同机制的构建中,注重的是人的主体地位,体现人的自我生成和生命价值实现过程。人的生命价值在于创造,创造一个有益于自身及他人生存与发展的世界。因此,人的自我生成是"从人的自觉的有意识活动展开的世界向人生成和人的自我生成的动态过程"。这种"自我生成""自我意识"表现出来,具体地可以分为两个层面:一是对自身成长的自我意识:对自身成长的期待、与朋辈之间的对比,对所处学习成长环境的诉求等;另一个是对国家、社会、学校等外界的参与意识,有对国家政治、社会事务、校园管理的参与意识和主体意识,以及对社会思潮、社会现象的辨析意识,更大范围地讲,是一种区别于"个人意识"之外的对公共领域关注的公民意识。其中"公民的主体意识是公民对国家与自身之间关系的正确认识,即公民对自己在国家中的主体地位和主体性作用的认同和感知,包括独立意识、主动意识以及创造意识。"①中学立德树人协同机制的构建,其中心问题就是确证和发挥学生的主体性问题,具体说就是如何激发、引导和组织学生在这个共同体中的主动性、积极性和创造性问题。可见,发挥学生作为实践主体、认识主体、价值主体的作用,比以往任何时候都要更为紧迫与必要。

最后,立德树人协同机制的构建是受教育者从内化到外化的必然要求。协

---

① 傅慧芳.公民意识的要素结构探新[J].福建师范大学学报(哲学社会科学版),2012(2).

同运行机制的构建过程,在受教育者思想道德行为养成方面,是其思想认识、理想信念和品德意志形成和发展的过程,也就是受教育者践行新的思想品德信念的过程。思想政治教育价值的实现,亦即思想政治教育所蕴含的思想、认识、政治、道德等内容,只有为受教育者所接受,并内化为他们各自的某种深刻而稳定的心理结构,外化为一种现实的心理的能量以及个体意识和行为习惯,才能增强他们的主体意识和主体力量。因而,实现思想政治教育的价值是在各构成要素的参与下,接受主体对思想政治教育传导者所传导的接受客体进行选择、加工、内化、外化的连续反应,从而形成社会、阶级或社会集团所期望的思想品德的过程。而知识学习和能力培养的过程本身就是把所应习得的知识跟已有知识关联起来,原有知识吸收与内化,能力的形成与外化,知识体系重新建构的过程。因此,协同机制的构建最终目的是通过教育者对受教育者施加教育影响,使他们确立相应的思想、认知、态度和目标,并产生相应的行为习惯。

(二)教育主客体间关系变化的必然要求

教育者与受教育者作为立德树人实践的主体,是构建立德树人协同机制的最基本要素,机制的运行更是离不开教育者与受教育者这对基本关系的变化与运转方式。

首先,教育者与受教育者的关系是立德树人协同行机制中的首要性关系。从思想政治教育学科视角而言,把握和运用好教育者和受教育的辩证关系是遵循思想政治工作规律、教书育人规律、学生成长规律的前提。教育者的主导作用与受教育者的主体作用相统一是立德树人协同机制的基础,贯穿于立德树人工作始终,并规定和影响着其他关系的存在和发展。作为机制要素中人的主体性的两个方面,两者之间存在着相互依存、相互作用的密切关系,协同机制的构建使这种关系保持着稳定、融通、协同、统一的状态。

其次,立德树人中的教育者与受教育者是主体间性的关系。立德树人本身是一种具体教育的实践形式,是教育者和受教育者相互影响,相互作用的双向活动过程。这里面包含着对象性活动的核心要素,即主体与客体。立德树人协同机制的构建,首先也是要回答和解决以教育者和教育对象为主体的双边互动的关系问题。传统上,一般界定教育的主体为"教育者"或"施教者",相应的"教育对象"或"受教者"即为客体。但如果不具体考虑思想政治教育内容这一特定要素，那么"施教者"和"受教者"的对象化关系就是互动的、多样的。"施教者"本身也是受教育的，都有可能作为一定意义上的"主体"或"客体"①。因此，对两者关系的界定要基于"主体间性"关系的基础上作出新的解释，既要超越传统主客对立的对象化关系，又要有别于"同一性"的理解。师生之间的关系依然是主体间的关系，但由于对主体性的理解不同，他者性的师生关系不同于主体间同一性的关系，又表现为我与他者非对称的伦理关系。"他者的出现是对主体间同一性的解构，意味着更多的外在性、相异性和非对称性。在他者与我的关系中，非对称性起着支配作 用。非对称性意味着我对他者的道义和责任，并不意味着我要从他者那里期待回报。"②这就是说，主体间性强调师生之间人格平等，在法律、学校制度框架与道德规范下 地位平等，并在平等地位的基础上，通过平等对话与交流及交往等教育方式来实现双方的有效沟通、教学相长。因此，立德树人协同机制的构建内含师生双方主体 本源意志的体现，主体间性关系的确立。

最后，构建立德树人协同机制是师生主客体间交往的真谛所在。整个立德树人过程中的教育者与教育对象之间的联系及其互动趋势。立德树人协同机制的构建，需要我们充分运用教育者的主导作用与受教育者的主体作用辩证统一的规律，体现"主体—客体—主体"实践辩证思维，明确两种主体的关系不仅是交往实践关系，而且还是主次主体的交往关系。既不能用"二元对立"的认识论理解和把握立德树人的主体，也不是单纯停留在无限度地发挥教师的"主导"作用，无原则地发挥学生的"个性"，而是要改变教育只是教师个人行为 的传统观念，树立师生主体间合作的新观念，即"教育共同体"意识。但不能因为师生的主体间性关系，抹杀了原先对教师地位与责任的界定。教师的主导地位还是没有变，教师的地位最终还是从学生那里赢得，教师的价值获得在于满足学生的需要，为学生的成长成才服务，体现对学生的关怀与责任。在这个意义上，这种立德树人主客体关系的目的性阐释，可以促进主客体双方达到教学相长、话

---

① 刘占虎.思想政治教育教学相长的边界自觉与协同思维——超越"主客体"与"双主体"之争[J].湖北社会科学 2016(9):181.

② 孙向晨.面向他者——列维纳斯哲学思想研究[M].上海:上海三联书店,2008:154.

语共识的目标,深化对教育者的教育和受教育者的自我教育两种作用的规律性认识。

(三)协调立德树人多重矛盾关系的有效方法

现实生活是一个由多重矛盾关系所形成的否定性统一体。矛盾是事物发展的动力,内因(事物内部的矛盾)和外因(事物之间的矛盾)作为同时存在的内部和外部的联系,都对事物发展发生作用。人的实践活动,从根本上说就是不断认识矛盾、解决矛盾的反复循环过程。构建立德树人协同机制是在一致的育人价值共识基础上,理顺系统化机制内各要素之间的关系,促进要素之间平衡运作,使各个要素各得其所,发挥教育合力和综合优势的一项实践活动。从"理顺—促进—各得其所—发挥"的过程,本身是一个协同各方关系、不断处理矛盾的过程。

一方面,是处理教育与人身心发展之间的矛盾或关系的过程。事物内部的矛盾与事物之间的矛盾是相对的。立德树人协同机制的构建,相对于社会外环境而言,学校内部各要素之间的相互关系和相互作用就是内因;就学校自身而言,受教者的主体作用是内因,教育者的施教行为和作用是外因。立德树人过程的具体矛盾从其运行视角加以立体动态的考察,"纷繁复杂的诸多矛盾可以总体划分成教育者为中心的矛盾、受教育者为中心的矛盾、教育者与受教育者互动的矛盾、教育整体运行协同共向的矛盾"。即如何协调教育者与受教育者之间的关系,协调德智体美劳诸育之间的关系,以及协调教育的连续性与阶段性关系等。构建立德树人协同机制正是基于这些矛盾与问题的处理,要求教育决策者、研究者和实践者等承担多种教育责任的主体,根据人的思想品德、知识体系的形成具有长期性和反复性的特点,自觉将"教书与育人系统化","育德与育才系统化","学生成长与成才系统化",深化"三全育人"模式,以"全时空"的方式,实现教育与自我教育相统一、育德与育心相统一、"思政课程"与"课程思政"相统一、课内与课外相统一、线上线下相统一、解决思想问题与解决实际问题相统一。

另一方面,是处理与"社会环境因素"关系和矛盾的过程。学校立德树人必须根植于赖以生存与发展的社会环境中,只有在与环境的相互联系、相互作用的过程中,才能表现出立德树人的社会属性与公共特征。相对于社会外部环境系统,立德树人协同机制本身是一个客观存在的社会子系统,与外部环境之间具有物质的、能量的和信息的交换。可以说,这样的一个立德树人协同机制是离不开环境的双重影响。在机制运行过程中,通过解决问题和增强能力使教育对象有能力应对社会环境的压力和挑战;通过协调社会资源和改善环境,向教育对象提供更多支持,提振正面积极因素、消除负面消极影响。在此过程中,具体表现为政府与学校、社会组织、市场间,以及学校领导、教师与家长间不同教育利益主体教育责任、权力与利益的合理配置与博弈,从重建教育秩序进而力图突破规制、以法治赋权、推进协商共治,从而寻求不同教育利益主体间适度张力与激发其活力。立德树人协同机制即把立德树人看作一个由多元主体所构成的一个开放 的整体系统,育人的主体不再是单一的、单边的、或单向的,而是由多个主体共同组成的互动体系。构成整体系统的各个子系统之间既相对独立又相互配合,各自发挥着子系统的功能。只有这些功能条件得到发挥,才能实现育人整体系统的良性发展。育人的内外系统之间,子系统及其亚系统之间,通过介体进行不同的交换和转化,最终形成相互联系、相互依赖的教育有机体。

(四)体现人与社会和谐发展的关系

马克思人学理论的精髓集中在人的自由全面发展,教育是实现这一目的的重要途径之一。马克思恩格斯批判资本主义生产方式下人的畸形的、片面的发展,以劳动异化为逻辑起点,层层分析,进而提出实现人的全面发展的理想。马克思关于人的全面发展的论述不是仅限于经济学范畴,而且提出了综合技术教育为主要内容的教育哲学,以人的发展和自我实现为目的,把全面发展的人称作"全新的人",一种"能够通晓整个生产系统的人"[①]。马克思在《资本论》中指出:"未来教育对 所有已满一定年龄的儿童来说,就是生产劳动同智育和体育相结合,它不仅是提高社会生产的一种方法,而且是造就全面发展的人的唯一方法。"[②]这种教育哲学强调 教育面向所有大众,与生产劳动相结合。目的是促

---

① 　马克思恩格斯选集(第 1 卷)[M].北京:人民出版社,1995:243.
② 　马克思恩格斯文集(第 5 卷)[M].北京:人民出版社,2009:557.

进社会进步,促进人与社会和谐发展、共同进步。

教育实践活动根本目的是立德树人。立德树人的目标,都要从社会存在和社会发展中去认识,或者从"人与社会的关系"的角度去解释。把社会发展需要和个体发展作为教育的动力源,是符合马克思历史唯物主义的。一方面,立德树人属于意识形态范畴,受经济基础和社会存在的决定和制约,也受上层建筑中政治、法律等意识形态的影响和制约。立德树人必须与该社会的经济基础和上层建筑相一致。教育者和受教育者都是具体的生活在特定社会历史条件下的人,他们的思想观念、行为方式也是受制于那个时代社会发展状况,社会发展中的物质文化、精神文化等为教育奠定了物质基础。另一方面,立德树人过程要素相互作用形成的劳动者素质对劳动者的生产、劳动具有维持与调节作用,只有知识、技能、智力、思想品德协调发展的劳动者才能有更利于生产力提高与社会发展。教育的目的是要培养人作为一个社会人具备的全部特征和属性。高度发展的社会要"使自己的成员能够全面发挥他们的得到全面发展的才能"①。构建立德树人协同机制是对人的发展问题的高度关注和深切关怀,充分体现人与社会和谐发展、共同进步的关系,蕴含对马克思主义教育哲学的一种新理解。

---

① 马克思恩格斯选集(第 1 卷)[M].北京:人民出版社,1995:243.

第四章

中学立德树人协同机制的问题反思

通过对立德树人的现状进行调研和分析可以发现，中学在立德树人实践和育人系统化要求方面存在差距，其中主要问题在于立德树人协同机制。在实施立德树人协同机制的过程中，各主体对于党中央、国务院关于学生全面发展的顶层设计和协同机制的重要性，存在不同程度认识不足；课堂教学、主题教学活动、家长协同等方面的目标参差不齐；学校在立德树人工作中，教学、课题、课程开发、主题活动以及校外实践的协同不够充分；此外，在处理家校协同关系时存在一种模式化的认知，未能对家庭教育环境、学生心理状态、道德观念和接受度等方面进行针对性的处理。

一、立德树人工作协同的目标机制问题

教育部正式印发《关于全面深化课程改革落实立德树人根本任务的意见》（简称《意见》），《意见》从民族振兴的角度强调学生要继承中华优秀传统文化，从方向发展的角度指明学生要坚守社会主义方向，从时代进步的角度强调学生要视野开阔，以国际化的眼光看待事物和问题。教育问题的核心在于培养什么样的人，因此，我国教育的根本任务就是培养全面发展的社会主义建设者和接班人。我们必须重视立德树人这一根本任务，提高其地位，从思想上认识到其重要性与必要性。

党的十八大报告首次明确提出将立德树人作为教育的根本任务。立德树人的根本任务，是与素质教育的总体要求以及党的教育方针的内涵是一致的，要想全面落实立德树人，需要教育者努力为国家培养担当民族复兴大任的时代

新人。因此,学校和教师都要将立德树人置于最高目标。

基础教育阶段被称为"拔节孕穗期",是人生观、世界观、价值观形成的萌芽阶段,需要进行精神引导和栽培,中学生接受的教育将直接影响他们最终成为怎样的人。当前中小学课程的设置从总体上来看,与立德树人的要求还存在一定差距。主要表现在以下几个方面:首先,在应试教育的评价体系下,学校教育的过于关注学生知识教育,而忽略了学生的德育培养,从而使学生的社会责任感等缺乏;其次,教师育人意识和能力有待加强。受传统评价体制的影响,教师往往过分关注学生的分数,忽视其他方面的素质教育,因此教师一方面需要努力改变当前的评价现状,另一方面也需要创新多样化的评价方式。这些问题直接影响着立德树人目标的实施效果,因此亟待解决。

(一)立德树人系统化实施有待加强

立德树人体现了马克思主义关于人的全面发展的理论要求。人的自由全面发展理论是马克思主义人学的核心问题,也是衡量社会发展的最高价值标准。立德树人是一项系统化工作,是基于人的客观存在和人的价值实现的共同要求,与人的本质和全面实现发展相一致。马克思主义理论对于人的关注是真实的、客观的,"人的全面发展"有助于确立全面、系统的育人观,为构建立德树人系统化工程提供了哲学的理论基础。

立德树人是一种什么样的系统化工程呢? 首先,这种系统化工程要能充分体现人的整体存在,又要满足人自我生成的需要。人是社会性存在,成长的起点是社会关系,在生产生活中,人们参与各种实践活动,包括经济、精神、文化活动等等,这些社会关系对人的思想成长产生直接或间接的影响。"立德树人"正是以"育人"为靶心,通过"教育"和"培育"的方式对处于不同社会关系中的"人"进行必要的"塑造"和"改造",以提升他们的素质,使其适应社会生产方式的变革,实现社会和自我发展的双向融合。再者,人的自我生成建立在自我意识的觉醒之上,马克思主义理论揭示了人的自主性发展,为学生能动性、创造性的发挥起到指导作用。最后,立德树人系统化工程的运行是受教育者由内及外的外显化要求,是其理想信念和品德意志等形成和发展的过程,也是思想道德信念践行的过程。

从学校教师层面而言,他们对于立德树人体系化的理解还存在不足。在新时代,落实立德树人已成为育人的迫切需求和教育的根本任务,我们应从教育根本任务的高度来认识"立德"的重要性、"根本"性[①]。立德的重要性表现为将其作为评价学校工作成果的根本标准,其根本性则体现在将全面提高学生的能力素养作为学校工作的基础,并将学生的身心健康和优良美德的培养作为学校工作的出发点和落脚点。在学校践行的过程中,也要从系统化的高度来规划教学方法,传统灌输式教育已无法满足时代发展的需求,应代之以启发式、引导式、创新式教学方法和教学理念,通过教师的自觉且实时的育人工作来激发学生的学习兴趣和潜能;此外在实施德育课程时,不能单纯将其看为某一载体的作用,而是要强调课程、教科书、课堂教学等多个环节的合力作用,确保学生的修养能够真正落实到他们的内心深处,而不只是形式化的表面教育;同时,要培养学生的主体意识,通过自我和他人的共同帮助来实现主动发展。因此,学校应始终将立德树人这一根本任务作为指导,贯穿到教育的各环节和全过程中,落实到具体教育教学工作中,为社会和国家培养栋梁之材。

(二)立德树人诸要素互动有待重视

立德树人的实践运行不是依靠各要素的简单相加,而是按照一定的逻辑,由散点到系统,组成一个科学的整体,具有动态性,因而需要诸要素之间的良性互动,并从中发现各子系统之间的联系和作用。立德树人过程是由相互关联的若干阶段和环节组成,每个环节与环节间是由表及里、相互渗透的,任何一个环节出了问题,都会对立德树人的成效产生负面影响。如当各教育者的力量分散且割裂时,只关注德育而忽视美育等方面的培养,就会导致立德树人工作的偏颇。显然,落实立德树人是一个连续的、动态的过程,个体、社会和学校教育中的各种力量共同推动着立德树人系统的运行。此外,该系统内部诸要素的内涵与关系随着时代发展不断调整完善,最终形成良性的循环过程。在此过程中,教育者应当遵循人的发展规律、教书育人规律和学生成长规律,帮助和引导教育对象实现德智体美劳全面发展。调查发现,在影响落实立德树人机制的因素中,存在着学生认识度不足、认可度差异以及具体工作实施中的不到位等问题。

---

① 龚克. 立德树人、素质教育与内涵式发展[J]. 中国高等教育,2013(02):6-8.

针对具体的育人工作实施方面,访谈发现教师在教育教学活动中协同落实立德树人存在差距,课堂教学、主题教学活动、家长参与等方面落实情况参差不齐。

(三)协同育人的创新性有待提升

进入新时代,学校在落实立德树人工作方面做了很多探索。首先,学校注重树立科学的教育质量观,创新育人的方法和手段,并以完善德育课程体系为基础,坚持幼小、小初德育衔接,在学校主题教育品牌课程、社会实践课程、学科德育课程渗透等方面实现育人特色;其次,学校通过开展新生军训、入学教育、礼仪教育等多种形式的主题活动,引导新生完成身份转变,并将传统文化、民族情怀等融入德育工作的全过程,积极拓展社会实践场域;再次,学校通过志愿服务、研学实践、职业体验与微实践等方式,让学生走进社会、认识社会,在亲身体验和实践锻炼的基础上,开拓学生的视野、增长学生的才干、激发学生的情感;最后,学校通过加强理想教育、成才教育,帮助毕业学生更好地适应社会的发展。此外,学校还可以以毕业典礼等活动表达对学生未来的期待,使学生在社会中具有责任感和使命感。

然而,我们必须明确认识到,随着科学技术的不断发展,人类社会已经进入到一个信息爆炸的时代。当代学生是伴随着互联网和移动网络成长起来的一代,网络 为学生的学习生活带来了便利的渠道,学生可以利用搜索引擎检索自己尚未完全理解的内容,也可以通过社交媒体与他人进行沟通交流,这种情况塑造了当代中小学生与过去不同的特点与个性。在这样的时代背景下,学校要努力发展自己的特色,实现教学突破,而网络信息技术则成为实现这一发展的重要方向。近些年来慕课形式的强势崛起,证明了信息技术确实可以给教育带来实实在在的改变和帮助。因此传统的教育方式也必须有所改变。

调研分析发现,很多学校积极搭建学校与社会之间的沟通桥梁,不仅关注社会的发展和国家的需求,也特别关注中国与世界各国之间的交流以及当前社会面临的挑战。在这个探索的过程中,学校应坚持本质性与时代性相一致,坚持理想道德与知识能力相统一,坚持立足现实和面向未来相统一。同时应遵循教育规律、尊重生命成长规律,以教育自觉的方式努力实现小学、初中、高中的课程衔接及身心成长衔接,实现学生的能力素养超越、发展规格超越,关注学生的全面发展。此外,学校也在坚持"五育并举"的基础上,不断创新人才培养模式,开展多元人才培养路径探索,全面实施学生综合素质评价方式,以完善全面培养的教育体系,并在坚持正向激励和多元评价原则下,关注学生心理健康、社会责任感、创新精神和实践能力的培养,从而促进人才的全面发展。最后,学校应积极探索英才培养模式,加强对各类素质优异学生的培养,加大对科创、体育、艺术等方面表现优异的学生的培养力度,坚持初、高中衔接培养,创设丰富多元的特色社团,引进和培养优秀的创新型人才,落实教练员负责制和教练导师责任制,以使素质优异的学生得到最充分的发展,为社会输送高端的多元人才。而建立多维度学生德育培养途径,打造多样化德育平台,也是提升创新育人方式意识的重要一步。学校可以利用校园网设立专栏,开辟学生专区,为学生提供个人思想、个人风采的展示空间,也可以通过在学科活动上实现深度和广度均衡,使学科活动既显专业化又有育人性质;除此之外,还能通过具有针对性和系统性的德育活动的开展,使德育活动课程化和高效化,进而培养学生的自主性和坚韧性等优秀品质,以全面响应育人方式变革的需求。

二、立德树人工作协同的内容机制问题

立德树人在我国社会主义教育事业中占据着核心地位,体现了党和国家寄予教育的希冀和使命。立德树人始终是我国培育社会主义事业人才的中心理念,也是社会主义建设和发展的人才源泉。新中国成立以来,"立德树人"的理念随着社会的不断发展而不断完善。党的十七大提出坚持育人为本、德育为先的教育任务;党的十八大首次正式将"立德树人"确立为根本任务,并成为党和国家教育方针的基本要求。立德树人的重要性在新时代背景下得到了阐发,明确了中学教育教学的根本任务,它是站在新时代背景下,对教育根本任务做出的重要科学论断,彰显了中国特色社会主义发展的新要求。

(一)顶层设计与底层实施的双线融合协同度不够

立德树人蕴含着丰富的教育内涵,提供了具有指导意义的育人方向,德育的核心价值体现在学生通过陶冶品德情操、丰富精神世界,促进自身正确价值

观的树立以及核心素养的培养。学校德育课程应重视培养学生的道德能力,如提高学生道德认知水平、增强道德情感、培养道德实践能力等,这都体现了德育的实践性。因此,立德树人的实质要求在于德育顶层设计与底层实施的融合协同,二者不能分离孤立。学校在建立立德树人的协同机制时,应将重点放在顶层设计与底层实施双线融合协同的内容体系建构上。

双线融合对德育课程提出新要求,即必须落实党的十八大报告中明确指出的立德树人教育本质要求。我们需要思考如何落实立德树人的目标和方法,并解决相关问题。因此,学校应全面剖析"立德树人"基本内涵,同时更注重探索方法路径和实践策略等方面,关注学生综合素质的发展,引导学生树立科学的人生观、价值观、世界观。学校要对立德树人内容机制体系进行全方位的顶层设计,关注机制运行过程中的作用,实时改进,推动素质教育落实,并积极构建道德理想与道德支撑,使广大中学生在落实立德树人根本任务中实现德育和智育的融合,培育出知行合一、具有社会责任感的社会主义事业的建设者和接班人①。

高考评价体系体现了顶层设计的方向引导,不仅将立德树人确定为高考的核心功能,也将高考的素质教育目标提炼为核心价值、学科素养、关键能力、必备知识。学校在底层实施教学时应适应指挥棒的要求,改革与完善教学方式方法。推进考试内容与命题改革是落实考试与评价理念的关键环节。考试内容改革在中高考改革中居于核心地位,应进一步深化以学生素养和能力为核心的考试内容改革。命题扮演着考试内容改革中的重要角色,只有实现从"知识立意"到"能力立意"转变,才能推动考试内容由知识向能力和素养转变。在当前核心素养育人目标体系下,传统以考试大纲为依据的中高考命题已无法满足培育学生核心素养与跨学科能力的要求,也无法满足培养德智体美劳全面发展的社会主义建设者和接班人的需要,中高考命题应由"考纲指导"转变为"课标指导"。基于课程标准来进行命题的关键在于建立课程标准与考试题目间的关联,使命题能够体现课程标准所倡导的目标和内容。同时,在试题呈现上可借鉴国际大型评估项目经验,设置贴近学生现实生活的多元化情境,有效考查学生的核心素养与关键能力。以 2020 年高考数学试题为例,该试题符合落实立

---

① 姜钢. 坚持以立德树人为核心 深化高考考试内容改革[J]. 中国高等教育,2015(Z2):31-34.

德树人这一根本任务,贯彻了德智体美劳全面发展的教育方针,坚持素养导向、能力为重的命题原则,体现了高考数学的科学选拔和育人导向作用。试题重视数学的本质,突出理性思维、数学应用、数学探究和数学文化的引领作用,突出对关键能力的考查。试题具有鲜明的时代特色,展示了我国的社会主义建设成就、科学防疫的成果和社会主义的制度优势,并与社会实际密切相连,设计了真实的问题情境,彰显了"四个自信",很好地发挥了高考育人功能。同时,试题也体现了基础性、综合性、应用性和创新性的考查要求,难度设计科学合理,充分发挥了数学试题的选拔功能和积极导向作用。试题突出了理性思维,考查了关键能力,科学实现了高考的选拔功能,对推进高考综合改革、引导中学数学教学发挥了积极的作用。

(二)"五育并举"培养体系中德育路径协同创新还须拓宽

"五育并举"是实现学生全面发展的主要路径,全面发展是实现立德树人的重要保障。因此,在面向未来的教育体系中,必须重视德智体美劳这五个方面的协同发展。德育是立德树人的核心工作,其重点在于加强思想品德修养。教师应教育引导学生,关注生活中的细节事物,通过这些小事培养良好的修养,积极践行社会主义核心价值观,将学生塑造成一个具有德爱之人;智育的主要任务是增长学生的知识和见识,同时也具有育人功能,教师应教导学生专注于学习,培养积极进取的学习态度,并朝着真理的方向不断前进;体育则是加强学生身体素质锻炼的重要方式,学校应确保体育课程的时间和种类设置的充足齐全,每天保证一小时的锻炼时间,增强学生身体健康,并将健康这一根本理念贯彻到学生身上,使其体会到锻炼的快乐和兴趣,同时在强身健体的过程中加强育人教育,磨练学生意志力;美育的主要目标是提高学生的审美和人文素养,学校应注重以美育人,以文化人的理念,充分利用社会上丰富的美育课程资源,吸纳专业人士加入美育的队伍,从而弥补师资的不足和非专业性,确保美育课程能够呈现出更丰富多彩的形式,培养学生的审美意识,提高他们的人文素养和文化素质;劳育通过劳动教育来提升学生的劳动技能,并帮助他们树立正确的劳动观念,养成良好的劳动精神。在学校这一集体环境中,学生应该学会劳动、懂得劳动,并逐渐形成尊重劳动、崇尚劳动、热爱劳动的观念,他们要能在其中真切感受到劳动的光荣,领悟到不劳无获的道理,这样才能使学生不断在劳动中发挥创造性的才能。

中学致力于培养学生德智体美劳全面发展,而这归根到底是为了立德树人。学校将立德树人作为日常教育工作的主线,通过丰富和拓展,将其融入文化知识教育、思想道德教育、社会实践教育等各个环节,并围绕这一目标设计学校教育体系,同时要求全体教师在教学工作中以此为核心。在此基础上,学校力争实现从上到下、从理论到实践的方法体系,凝聚教师合力,取得实际效果,以此构建全面发展的教育体系,促进各学科间的合作。而这一目的是培养学生综合运用知识的能力,更重要的是培养他们解决实际问题的能力,从而培养出全面发展的复合型人才。另外,学校还应注重创新德育路径,让德育真正融入学生的内心,如建立学生教育工作与日常生活的关联,打通学校学习与未来生活之间的纽带;充分尊重学生的个性成长,唤醒他们的学习动机,学会融合跨学科思维,充分借助现代技术关注学生学习与成长历程;将立德树人贯彻到一切教育教学活动中,以应对智能时代的新挑战和新机遇,同时也能更好地以"生活德育"深化德育工作;将劳动教育融入课程体系,丰富德育实践场域,结合体育教学和美育教育,提高学生的身体素质和艺术素养;重视学生的德育能力和自主性,通过站高位、走新路、真育人的方式,把握时代特征,落实"三全育人"理念,建设高质量的育人体系。

(三)需深化核心价值观教育与课程教学活动的深度协同

调研访谈发现,学校在核心价值观教育方面,都坚持推动理想信念教育常态化、制度化。为实现对学生的社会主义、集体主义和爱国主义教育,很多学校积极开展了"我和我的祖国"等主题实践活动,使学生的个人梦想与国家梦想相融合。此外,学校还通过丰富多彩的文化活动,如民俗展示、经典诵读、文化体验等,利用春节等重要节日的契机,让学生既能够感受到节日的文化氛围,了解节日文化的知识背景,又能在参与的过程中体验到文化的强大力量和家国情怀的形成;通过九一八事变等重大纪念日等对学生进行爱国主义教育;学校还充分发挥学生组织的作用,强化团队一体化建设,打造学生领袖工程,引领校园健康向上的文化氛围,同时学校还以实践活动为载体,在遵循循序渐进原则的基础上,构建纵横交错、立体协同发展的学生组织体系;打造了仪式典礼、校园主题活动月等多种形式的精品课程,举办多样化且积极向上的校园文化活动,并将升旗、开学、毕业典礼等打造成育人课堂,以此助推优良校风建设,营造有利于学生修身立德的良好氛围。

目前,学校在一定程度上存在各学段课程教学一体化育人协同优势运用不够的问题,下一步学校应重点解决具有小初高社会主义核心价值观一体化优势的课程共享、校区联动、学段衔接、教研教学交流等方面的问题。首先,学校可以通过教师队伍建设、课程建设、活动组织、校园文化建设、评价体系建设的创新和相关课题研究,形成有效衔接各学段的教学载体,把社会主义核心价值观融入教育全过程;其次,还可以深入开展爱国主义教育、国情教育、国家安全教育、民族团结教育、法治教育等,引导学生牢牢把握富强、民主、文明、和谐的价值目标,深刻理解自由、平等、公正、法治的价值取向,自觉遵守爱国、敬业、诚信、友善的价值准则,将社会主义核心价值观内化于心、外化于行。

学校应进一步将新时代爱国主义精神内涵转化为学生能够理解领悟、与他们日常生活密切相关的课程内容。为实现这一目标,学校可以通过把握爱国主义教育的途径,创新教育载体和形式,引导学生树立家国情怀;并在结合中华优秀文化教育、革命传统教育、改革创新精神教育的基础上,开展主题教育活动以及劳动教育、职业微体验等实践活动,建立社会主义核心价值观的体验场,让学生在亲身参与中认识国情、了解社会,以此坚定他们的信仰,推动实现品德的"螺旋上升"式发展;还可以借助校外实践基地,将家、校、社会"三位一体"的教育理念延伸到社会中;此外,学校还可以通过组织学生参观红色基因、民族团结、科普创新、国防国情等教育基地以及走进文化馆、科技馆、青少年活动中心等公共场所,让学生能够根据不同场所的不同功能特点,体验其独有的文化内涵以及价值导向。通过这些方式,学校可以将爱国主义精神内涵融入学生的教育教学中,使其在实践中真正理解和领悟到核心价值观,并树立起正确的世界观、人生观和价值观。这样的教育模式将为学生的全面发展提供有力的支持。

研究结果表明,学校存在着劳动教育开展不够扎实,与其他课程协同不充分等问题。针对这些问题,一方面,需要在新时代劳动教育中结合当前亟待研究解决的课程建构、实施与协同等重点问题,并将劳动教育纳入人才培养全过程。在这一过程中,需要把握劳动教育新的内涵、特征和形态,开展好生产劳动、服务性劳动和日常生活劳动的教育,以整体规划育人目标,创造性地发展具体机制,为教育的实际效果保驾护航,以促进学生世界观、人生观和价值观的形成。此外,学校还须拓宽视野,积极改进劳动教育方式,从课程目标、课程内容、评估与管理、支持与保障等方面进行系统设计,构建具有综合性、实践性、开放性和针对性的新时代新劳动教育课程体系,以实现劳动教育的真正落地。另一方面,劳动教育课程教学与中学课程体系与目标还缺乏深度协同。为解决这一问题,应将劳动素养作为聚焦点,促进学生全面发展,并将劳动教育的目标融入数学、物理、化学等学科中,以此培养学生的科学精神、规范意识和创新精神;在体育与健康学科中培养学生乐观向上的心态;在道德与法治、语文、历史、艺术等学科中贯彻马克思主义劳动观,让学生体会传统劳动文化的价值;同时结合其他学科的课程内容,阐释中华民族优良传统中的劳动内涵,形成勤俭、奋斗、创新、奉献的劳动精神。

在新时代的背景下,学校更应深度挖掘劳动教育课程所具有的独特的育人价值,更多关注学生的生活场景。由于学校处于一个相对较封闭的场域,对学生参与的劳动教育可能与他们亲身经历的生活世界相脱节,因此学校需突破校园自身的封闭性和保守性,建设良好的校园环境和校园氛围,使学生能够在生活中真正体会到劳动教育的意义。想要达到这一目的,学校可以通过文化布置、班级空间布置等方式对学生的劳动观念形成隐性的影响,也可以通过开展社会实践活动,让学生主动参与学校环境的美化等劳动,从而体验劳动带来的快乐和成就感。此外,学校可以让学生亲身设计校园布局,如设立校园卫生分担区和公益劳动责任区,将校园劳动教育融入学校实际,并以班级为单位,全员参与定期或不定时地开展。依托校园电视台和广播站,及时报道和宣传学生劳动成果和感悟,以便于学生与校园、班级产生情感共鸣,也可以在学生的心中形成对劳动教育的积极认同和体验。

(四)须强化破"五唯"背景下的协同评价的指标体系建设

中学立德树人协同机制的落实需要特色的教育评价制度体系的驱动。当前时代背景下,实现育人方式的变革需要全面落地,这是一个广泛涉及的系统工程。一方面,从学校内部来看,这涉及创建课程体系、更新课程管理制度等学校教育教学方面的工作,在学校推进立德树人协同发展的过程中,评价是学校实现上升发展的有益保障,而如何有效地保证其实现,关键在于强化破"五唯"背景下的协同评价的指标体系的建设。另一方面,从学校外部来看,评价主体由单一评价转向学校、家庭和社会的多维协同评价,这一评价体系的构建充分体现协同育人的要求,促进家庭科学教育观念的树立和社会良好育人氛围的养成。

教师评价和学生评价这两个主体的评价是实现协同评价的指标体系建设的重要方面。首先在教师评价方面,教师评价关乎教师自身的价值实现与终身发展,具有非常强的导向作用。教师评价不仅考虑专业能力,还要考虑立德树人的成效等方面,只有综合考虑各个方面,才能通过破"五唯"形成科学有效、维度多元的综合素质评价格局以及构建协同评价的指标体系。为充分发挥教育评价对立德树人的协同促进作用,学校应设计科学完整的评价指标体系,以此提升教育发展水平,引导教职工树立正确的教育政绩观,并将立德树人的实际落实成效切实纳入检验学校教育工作的标准之中,从根本上扭转唯升学率和唯分数的导向,始终把立德树人的理念作为学校的立身之本。

在学生评价方面,学校应结合课程与考试改革的时代背景,构建和实施学生综合素质评价体系,进一步坚持正向激励和多元评价的原则,落实学生的生涯规划教育,为学生发展提供持续动力。学校可以建立规范的学生综合素质档案,记录学生在德智体美劳五育方面的情况,通过档案记录了解学生在这个过程中的突出点,同时将其作为评价学生毕业等方面的参考;学校也要注重评价方式的探索与创新,实现从"单一评价"到"综合评价"、从"知识评价"到"能力评价"、从"结果评价"到"过程性评价"的转变。

三、立德树人工作协同的路径机制问题

党和国家历来重视立德树人这一工作,特别是党的十八大以来,党中央坚持把立德树人作为中心环节,在教育领域采取了一系列措施推进立德树人这项工作的开展和落实,并从系统性的高度出发,对立德树人提出创新要求,要求全

面落实立德树人这一根本任务,同时指出这是一个系统工程,需要通过协同机制协调作用,这为立德树人工作明确了协同机制路径构建的方向。

(一)加速提升现代学校治理体系建设

调研发现,中学立德树人工作需要学校加快实现治理体系和治理能力现代化。这就要求学校要加强和改进党的建设,坚持和完善校长负责制,不断完善内部治理结构,加快提升与立德树人任务相匹配、符合时代要求的办学治校能力。

中学立德树人工作还需要从全局上进行改善治理。这就要求学校首先在未来工作中要继续完善治理体系,确保各个工作领域都紧密围绕立德树人这一核心工作展开,形成齐抓共治的合力;其次也应针对学生在学习或者日常生活中遇到的问题,调动优质资源和利用专业能力进行有效解决,同时充分发挥党政干部管理育人功能、课堂教学教书育人功能与后勤保障等服务育人功能;再次应建立健全各项规章制度和学生管理制度,制度的完善不仅能构建具有时代性与特色性并存的校园文化,抵制不良文化的影响,规范教学行为,还能构建多层次的学业支持体系,提供全方位、精细化的服务,培养学生的良好习惯,引导学生树立正确的价值观;最后学校还应加强法律法规、道德规范的教育,将法制素养作为学生综合素质评价的重要组成部分。

(二)德育一体化纵向衔接与横向协同

立德树人是一个涵盖时间与空间的系统性工程,在具体的学段以及不同方面的育人工作中,都需要实施一体化统筹纵向衔接与横向协同的策略,这样才能达到应有的工作成效,德育课程教学也不例外,它同样需要重视一体化课程建设。德育课程一体化要求在纵向上做好大中小学德育课程之间的衔接,在横向上也要做好不同学科之间以及课内外之间的深度融合,以搭建与学生的认知水平和成长逻辑相一致的德育课程体系,这样的体系将整合德育课程、学科课程、传统文化课程和实践活动课程,形成"四位一体"的德育课程实施新格局。然而,目前的调研发现,部分中学德育课程在价值观教育上全面协同推进不够,应更加侧重培养社会公德、社会规则和基本法治观念,加强学生三观的培养和教育,包括中华民族优良传统美德教育、法治教育、心理健康教育、网络道德教育、人生规划教育等。

当前中学立德树人工作仍须拓展全员、全过程、全方位育人路径。德育专业人员、思政课教师、学校管理者、后勤服务人员以及家长、社会人士都需要全面参与育人活动,并加强彼此间的合作合力。学校层面要想更好实现立德树人的实施落地,一是必须始终把课堂视为教学的主要场域,把课程视为学生学习的主要内容,并根据中小学生身心发展和认知规律,确定不同学段下的课程内容,建立学段衔接的课程体系。德育课程是育人的主阵地,其他课程也应深度挖掘其中的德育内容,充分发挥学科课程中的德育功能,促进德育与智育、体育、美育有机融合。二是在方法上应尝试创新,突破课程的时间和空间限制,学校应注重学生课内和课外的充分结合、线上线下的高效结合、理论与实践的互动整合。立德树人不仅要求在理论层面上加深认知,更重要的是将其转化为行动。三是学校应更加注重构建德育实践活动体系,在学生成长的不同阶段设计不同的活动方式和内容,满足学生多元化、个性化发展需求。四是在弘扬中华优秀传统文化方面,学校工作应在充分利用自然资源、红色资源、文化资源以及中华优秀传统文化的教化作用的基础上,对学生进行人格上的塑造,从而为实现中国梦输送具有强烈爱国主义情怀以及正确价值观的人才。

(三)教师专业发展与师德师风建设协同机制

教师虽不是学校立德树人工作的唯一主体,但却是学校立德树人工作的关键主体,为了激发教师育人的内生动力,中学在教师评价机制方面需要进行系统化改进,以充分体现多维度协同育人的要求。因此,对于中学教师发展评价,应从师德、科研、教学、服务等多个维度构建更加规范的评价体系,进而引导广大教师树立以德立身的理念,履行好启智明理尚德的职责。在建立健全师德师风建设长效机制方面,学校还需要进一步完善相关制度和方案,尤其是教师专业发展制度建设至关重要,因为教师专业发展是提升师德师风建设水平的重要抓手,学校应加强各类教师培训,创新培训方式,提高培训效果。

教师作为学校立德树人工作的关键主体,并非独立开展工作,而是立德树人团队的一分子,因此学校还要进一步加强教师团队建设。教师团队建设是立德树人的基础性工作,兴国必先强师,人民教师是沟通学生与知识之间的桥梁,是实现学校理念和国家立德树人任务的践行者。中学立德树人工作应将提高师资队伍专业化水平作为重要内容,强化德育团队建设,同时重视教师专业素养和师德师风的平衡,形成教师专业发展与师德师风的协同机制。对于教师团队建设,一方面,学校应以问题为导向,抓好教师团队的专业发展。首先,学校应梳理教师专业发展的主要问题,聚焦核心能力,促进专业成长,提高德育骨干教师的理论水平和政治站位,探讨和解决德育实践中的关键问题,助推学生综合素养的提升;其次,学校可以依托学科骨干教师团队,强化学科德育渗透研究,聚集不同教龄段的优秀教师,合力攻坚,关注德育课程与课堂教学的协调与融通;同时,学校还可以创新探索副班主任制度,减轻班主任工作负担,建设一支高素质、专业化、创新型的教师队伍。另一方面,学校还应以问题为导向,抓好教师团队的师德师风建设。师德师风建设目标的实现,首先需要学校进一步完善德育制度,通过制度先行,为教师团队师德师风建设提供目标指引,而教师团队中的师德师风骨干具有模范引领作用,有助于转变班主任队伍和授课教师教育管理观念;学校还应传承校园文化传统,立足校本德育特色,开展师德师风培育活动,制定班主任师德师风培育计划,通过系统外出学习、本地研修、班主任荣誉论坛分享、岗位练功等多种途径有机结合的提升活动,健全全员育德机制。

(四)家、校、社三方协同育人

青少年的健康成长对于一个国家和民族的希望和未来至关重要,随着社会快速发展,传统的家庭结构和功能发生了深刻变化,这对学生的道德认知和行为产生了影响,导致他们出现道德认知与行为的偏差。通过问卷调查与访谈的方式,可以看到学生的问题集中表现为:

(1)认知偏差:学生表现出强烈的好奇心,心态逆反和心理自卑,缺乏自我保护意识;

(2)情感不当:学生的情绪调节能力差,人际关系不协调,表达极端;

(3)意志不坚:学生表现出拜金主义、虚荣心强,精神空虚,理想信念模糊,三观不明确;

（4）行为失控：表现为自我意识强，思维早熟，追求独立。

在实际生活中，一些父母过分关注孩子的学业成绩而不是他们的"成人"，存在"重智轻德""重身体健康、轻心理健康"的倾向。

家校合作在实行过程中，应该是平等的地位关系，双方需要密切配合和通力合作共同实现育人的价值。然而，在当前家校合作的过程中，两者间的地位仍存在不平衡现象，这主要是由于人们长期以来的教育观念和实践过程中对家庭作用的忽视，过于强调学校的育人作用所致。因此，家校合作对家庭和学校都是一种挑战，双方间缺乏高效的沟通机制，由于立场等问题而出现许多分歧。首先，一些家长并未从教师立场思考问题，对教师的教育教学要求理解不足，甚至会产生抵触心理。例如，为确保学生达到教育目标，教师需要家长的配合与监督，甚至有时要求家长参与完成，尽管大多数家长能够理解并支持这些要求，但也有一部分家长难以理解甚至反对，认为这是教师将教育任务进行转嫁，增加家长的负担。其次，教师对家长的要求可能过于理想化，没有充分考虑到家长的立场，这导致了家校之间的矛盾产生。例如，家长出于对孩子发展的高要求而对教师也提出更高要求，无形中为教师增加了工作压力，致使教师与家长之间产生分歧甚至冲突。上述现象的出现主要是因为家校合作目标提出后，并未建立起家校协同的长效机制，导致家长和教师之间缺乏有效的沟通和合作，引发了沟通问题和不满情绪。为解决这一问题，学校应把统筹利用各类社会资源作为强化实践育人的重要途径，积极拓展校外教育空间，努力培养学生的社会责任感、创新精神和实践能力；学校还应主动加强同社会有关单位的联系沟通，建立相对稳定的社会实践教育基地和资源目录清单，并依据不同基地资源情况联合开发社会实践课程，这样可以有针对性地开展共青团和少先队活动、劳动教育、实践教学、志愿服务、法治教育、安全教育和研学活动等。此外，结合学校的育人规划，学校应积极邀请"五老"、劳动模范、道德模范、时代楷模、各类精神文明先进代表、德艺双馨的艺术家等到学校开展宣讲教育活动；学校还应充分利用各类平台和组织等资源，通过"请进来、走出去"的方式，有效丰富学校课堂和课后服务内容，更好满足学生多样化学习与成长需求。

在育人工作中，学校、家庭和社会三者需要形成育人合力，推进立德树人工作的长效协同机制。家庭角色的参与至关重要，学校可以通过建立家长资源库和整合家长资源的方式,引导家长发挥自身所长配合学校教育,为学生提供广阔的视野。此外,学校应进一步统筹校外社会实践基地资源,并有针对性地对学生制定优惠政策,要求场馆对不同阶段水平学生开发具有特色的活动,以加强德育效果。同时应加大社会主义核心价值观的宣传力度,通过媒体的力量传播主流价值观,引导全社会加强对青少年学生的思想道德品质建设的关注和关心,为学生的幸福生活创造良好环境,助力其健康成长;还可借助法律的规范性力量,提高教育治理能力,不断充实对政府教育业绩的考核方式,扩大对学生品德水平的评价比重,真正落实立德树人的根本任务。

第五章

中学立德树人协同育人的机制经验

立德树人在学校教育中的地位更加突显,并伴随着学校教育教学改革逐步深化。X中学是上海市特色普通高中,有着170多年办学历史,是我国西学东渐第一校。学校党政精诚合作,班子成员凝心聚力充满正能量,在决策中民主协商,在工作中优势互补。学校管理赢在中层,有一支经验丰富、执行力强,肯干事、能干成事的管理队伍,育人团队执行力强,队伍管理优势明显。学校注重统筹协同校内外育人资源,立德树人工作经过多年的理论构建与实践探索,从规划协同、治理协同、家校协同、评价协同等方面建构育人机制,积累了诸多有益经验,形成"汇学型"学生、家长和教师的学校特色。

一、顶层设计规划协同育人

"顶层设计"作为工程学术语,强调要具有全局观念,能够对各个层次和要素进行统筹规划,充分考虑每一部分的源起,站在全局的顶层进行设计以寻找问题的路径解决。因此要落实立德树人的根本任务,实现素质教育,需要具有全局观念,能够站在整体的视角思考问题的解决、把握问题的方向。国家和学校作为教育实施的宏观调控者和微观实践者具有重要的作用,国家的方针政策是大方向,学校的改革规划是小路径,在大方向下通过小路径的指引,以实现"立德树人"的最终目标。

(一)贯彻落实党和国家教育政策

党和国家政策是教育的指南,因此学校育人事业必须重视对党和国家教育政策的解读,掌握立德树人根本任务的整体方向。

注重理解国家教育政策的本体价值。政策的内涵既可被理解为是一种静态的准则、计划、文本等,又可被理解为一个动态的、发展的、复杂的过程。因此政策多是以文本为载体,体现为某个政治系统或组织在特定时期为实现或服务于一定的政治、经济、文化等目标而进行决策的过程①,是一种要求普遍遵行的社会制度。教育政策针对教育领域,为解决特定的教育问题而制定,可以视为是一个政党或国家为实现一定历史时期的教育任务而制定的行为准则②。具体来看,行为准则的制定、颁布、推行需要经过一个规范的过程,其文本包括政府部门颁布的教育法规,如法律、法令、条例、规则、章程等③,教育政策可具备如下几个特征:一是其本质是为解决特定的教育问题,化解教育发展中现存的社会矛盾和冲突,合理满足一定的教育利益需求,平衡各种教育利益关系④;二是其存在形式以文本为载体,通过法律条文或规则章程的形式将国家的教育政策呈现出来,以便于教育工作者的研读和遵从;三是其掌握着国家的教育方向,教育政策是有关教育的政治措施,体现着国家的教育意志,因此教育工作者要时刻紧跟教育政策的导向,指引教学行为和课程发展的方向。

"立德树人"作为教育的根本任务这一教育重要思想的提出,既回应了我国的历史教育传统,同时也从侧面反映了当下学校教育中对"德育"的忽视,片面的关注科学知识的学习,使得学生难以实现德智体美劳的全面发展。正是在这一时代背景下,X中学呼吁"立德树人"为学校教育的根本任务,教育要摒弃传统的知识本位的思想,关注学生作为独立个体"人"的全面发展。

注重突显国家教育政策的实践价值。党和国家教育政策可以宣传政治观点、理论、路线、方针,对教育的性质和任务做出了明确的阐释,保证向青年一代传播社会核心的价值信念。因此通过对教育政策的理解,一方面可以促进教育的提升,进而促进国家政治、经济、文化等的建设;教育水平是国家软实力的彰显,因而具有重要的价值,新时代"立德树人"思想作为教育领域的根本任务,政策文件中指出要"加强理想信念教育和道德教育""培养爱国主义为核心的民族

---

① 黄明东. 教育政策与法律[M]. 武汉:武汉大学出版社,2007.

② 罗宏述,米桂山. 教育政策法规[M]. 北京:科学普及出版社,1992.

③ 黄明东. 教育政策与法律[M]. 武汉:武汉大学出版社,2007.

④ 李占萍. 清末学校教育政策研究[M]. 石家庄:河北人民出版社,2014.

精神"……可以看出对其准确解读并实施将有利于培养学生的爱国主义情感，进而实现学生的政治认同，同时对学生传统文化和革命传统教育的解读，将有利于学生文化素养的提升，逐渐形成内化于心的文化品德。另一方面可以促进教师、学生等作为国家公民的发展；如对"立德树人"的相关政策解读，《纲要》中立德树人的主要内涵与我国社会主义核心价值观一致，要求教师通过对内涵的内化理解，在教学中有目的地传授给学生，不仅能培养学生的道德知识和道德素养，同时也加深了教师对其内涵的理解，实现教育双主体的全面发展。

X 中学注重从顶层上把握政策的方向，按照政策要求修订课程方案和课程标准，细化育人目标和任务，相关主管部门树立统筹全局的意识，将抽象与具象相结合；学校的管理人员等结合切身实际，能够从学校的文化底蕴和育人理念等角度出发，整体规划学校的育人途径，形成多方共同参与的合力；教师、管理人员和服务人员都注重根据学生的特点发展特色育人工作，在保证学生达到共性要求的基础上满足学生个性化的需求，更好地实现"立德树人"这一根本任务，促进学生的素养发展。

(二)坚持学校立德树人工作总体设计

学校立德树人工作的改革和发展，须从长远设计和考量，形成整套行动的方案，这样有助于从学校治理、教师发展、课程体系到教育管理等方面全方位展开，形成学校育人合力。新课改以来，国家、地方、学校三级课程管理机制的实施，赋予学校一定的自主权，学校可以在政策的规范下探索立德树人特色机制。

学校改革规划的设计体现着学校管理者对学校未来发展的新思考和新探索，科学的学校改革规划设计需要具备前瞻性和全局性的观点[1]，所谓前瞻性是指在规划的过程中，不光要解决现有的问题，同时也能够看得更远，坚持把立德树人的成效作为检验学校一切工作的根本标准，既要考虑教育资源、课程规划、教学管理、师资队伍、服务体系等事宜，也要快速转变教育理念、改革育人方式、创新评价形式，以增值评价推进教育公平发展和质量提升，并把它作为深化新时代教育治理体系、治理能力现代化的全新诉求[2]。X 中学对于立德树人思

---

[1]　谢利民.学校发展规划的制定、实施与评价[J].教育研究,2008(02):86-89.

[2]　陈如平.以增值评价探索为突破口推进学校改革[J].中小学管理,2020,357(08):1.

想的落实,充分考虑社会主义核心价值观要求,结合当下的教育实际问题,剖析社会发展趋势,对立德树人工作做前瞻性谋划。此外,X中学课程改革规划设计的前瞻性体现学校的核心理念,所设计的各个环节服务于立德树人要求。所谓全局性,要求具有整体观念,X中学站在学校整体设计的高度通盘考虑学校的发展问题。具体来看,学校为实现"立德树人"的教育任务要设立总体的育人目标,在总目标的指引下统筹学校各年级之间的衔接,系统形成育人体系,避免知识的断裂和重复;统筹学校各学科之间的融合,充分发挥不同学科的育人价值,同时也要使得各学科形成教育合力,共同实现育人的目标,亦即德智体美劳的全面发展。

学校立德树人改革规划的制定,基本遵循两方面的设计框架,一是对宏观教育政策中对学校改革发展的内容进行正确解读,只有深入分析改革相关的方针政策,了解国家教育的发展方向,才能在方向的指引下确定学校改革方案;二是剖析学校办学历史与教育现代化需求,明确学校改革的愿景,亦即在确立学校目标的基础上实现,通过国家的总体要求和学校层面的宏观设计,为学校发展提供实施框架。具体到保证立德树人任务的实现中,X中学根据本校文化理念确立发展目标,考虑到学校教师的教学能力和学生的接受水平,学校的已有资源和可开发利用的教育资源等,构建完整的课程体系。课程是立德树人的重要途径,课程改革是实现立德树人这一任务的重要手段,因此完整适合的课程体系将会有利于学生知识体系的纵横发展,以及学生需要具备的关键能力的发展和实现。

(三)统筹学校立德树人资源

立德树人资源统筹能够充分协同校内外育人力量,根据不同资源之间的独特性保持自身的个性发展,同时又能够包容共生,共同指向育人目标的实现,为立德树人创造良好的条件和环境。

1. 校内、校外和信息化资源的协调

《国家中长期发展规划纲要》(试行)中将资源从空间上分为校内资源、校外资源以及信息化资源,从其表述可以推断出,校内资源便是学校内部可资利用的一切有利于改革的资源,校外资源便是在学校以外,如社会专家、家长、历史

古迹、文化场馆等,而信息化资源则是自网络发展以来产生的资源。在学校的改革过程中,需要对三种资源进行整合,一方面要充分利用校内和校外的资源辅助学校的改革,如在实现立德树人的目标上,可以通过学生对博物馆的参观,来拓展学生的科学知识,同时也可以通过艺术品的讲解培养学生的审美素养;另一方面可以通过校内和信息化资源的互助,信息化资源帮助学生获得前沿的知识思想,掌握形象的逻辑思维过程,校内的资源帮助学生展现学习的成果。学校需要对校内、校外以及信息化资源进行整体分析的基础上,促进三种资源的有效结合,以实现内外联动,共同驱动学校立德树人工作改革发展。

X 中学注重加强校内、校外和信息化资源的整体协调,是以学校育人为中心,校内资源支撑育人目标,同时又通过不同类型的资源针对性规划,发挥资源在不同层面的作用,校内资源主要是课程实施的基础性资源,校外资源主要是课程实施的拓展性资源,而信息化资源主要是课程实施的保障性资源,三者在不同位置上发挥资源的整体作用,共同助力立德树人的根本目标。

2. 教师资源和学生资源的协调

教师资源与学生资源是从人的视角提出的,教师和学生本身就是学校改革发展的重要动态资源。而教师与学生资源的协调是实现立德树人目标的更为直接的方式。构建良好的师生关系是两个资源协调的前提,良好的师生氛围有利于形成立德树人氛围。教师资源可以促进学生的发展,教师通过传授的知识以及生活中的行为举止都是可以成为学生学习的榜样,而学生资源也将会有利于教师的专业成长,学生通过合作、探究等方式促进教师思考,教师在回答学生的过程中,需要调动已有的知识体系,深化了对知识的理解和拓展。

X 中学善于促进教师资源与学生资源的协调,鼓励师生交流,无论是课堂教学还是日常互动,课堂教学协调促进学生和教师双主体的共同发展,教师和学生之间的日常互助行为促进互助的双方共同进步,这样形成教师资源与学生资源的合力,共同筑成学校立德树人的基本动力。

3. 已有资源和生成资源的协调

已有资源和生成资源是针对课程育人来说的。在课程育人的过程中,教师通常根据已有的教材资源或是教师自己开发的资源进行教学和育人,如果教学过程中注重教师和学生之间的互动,则可能生成新的资源,这种资源被称为生成性资源。生成性资源是实时发生的,需要教师具备较强的处理突发现状的能力。生成性资源有其重要的教育价值,一定要将其与已有的教育资源进行有效的整合与协调。一方面可以激发教学和育人过程中学生所生发的新想法新观点,通过这些想法的讨论,可能会引起学生的反思,也可能促进学生对知识的深化理解,这无疑会成为促进学生全面发展的有利支架;另一方面也可以为学生和教师的学习扩展视野,生成的资源可能是教师事先没有预设的,因此在教师和学生的共同学习过程中,对教学内容有了更加深入的理解,这也正是立德树人时代背景下,探究和思考意识、问题解决能力的有效训练。

X 中学课堂教学从知识学习和立德树人规律出发,为生成性资源拓展提供良好环境,形成合作讨论式的课堂教学风格,师生在该教学风格下通过探究式的讨论,延伸知识领域,扩展学习思维。同时,通过在课堂中对两者的协调规划,引发课堂教学和立德树人创新,进而带动学校立德树人工作,而学校的整体发展也会在这样的课堂教学中得以形成。

二、提升治理效能协同育人

为更好地落实立德树人这一根本任务,X 中学从党政治理育人、特色项目育人、优势项目育人等方面,通过管理效能提升,促进立德树人工作协同,形成多维度育人合力。

(一)确立新时代"汇学人"的立德树人新理念

X 中学传承历史悠久的"汇学"文化。"汇学",蕴含"荟学——会学——慧学——汇学"四"hui"内容。第一个"荟"学——荟萃精华,广学博识;第二个"会"学——参悟规律,善于学习;第三个"慧"学——智慧养成,学以致用;第四个"汇"学——古今传承,中西汇通。秉承"崇尚科学、文理兼通、东西贯通、多彩发展"的办学传统,确立"以文化人的五育融合,培养新时代的汇学人"为理念,让每一个学生有承载梦想、承载未来的责任担当,培养"中国根、民族魂"的家国情怀,国际视野,东西贯通,公民人格,未来有国际竞争能力的建设者和接班人,开创建设科创特色研究型学校发展的新格局。

以创建科创特色研究型学校为定位,以"在传承中发展,在发展中创新,在创新中突破"的思路为动力,以"汇智课程"和"汇创课堂"为统整,坚持推进"人文与科技、智能与创意"为两大抓手的教育综改,通过"把以文化人的国学经典与科技、大数据、智能化等现代科学发展的融合",激发和激活每一个学生"人人是才、人人有才、人人成才"的潜力、潜质和潜能,努力优化和丰富特色发展、优质发展、品质发展和创新发展的新内涵。

依托区域优质资源优势,学生生涯发展和技能学习向各类艺术馆、图书馆、文创馆和博物馆等延伸,为学生才艺创意学习提供公益支持。依托大学和科研机构等优势,把初中与高中衔接向大学各类实验室、科研机构等延伸,为学生关键能力培养提供专业支持。依托学校家长人才优势,把学校教育向家庭延伸,聘请有才艺和各类专长的家长为智库专家,为学生发展提供人才支持。

在"双减"和"双新"的背景下,学校是"为党育人,为国育才"的主阵地;教师是"师德引领品德,师风引导学风,师道引擎载道"的主力军;学生是未来"强国有我,请党放心"的主人翁;而双减的课后两小时是培养学生"奉献精神的匠心,一技之长的匠才,技艺高明的匠能,身怀绝技的匠人"的主渠道。学校为培养新时代"汇学人",构建四大平台:人文创意的"汇文人";科技创制的"汇匠人";智能创新的"汇达人";体艺创客的"汇乐人"。

(二)党政治理育人

X中学班子团队合作,加快学校现代治理体系和提升治理能力的建设,推进学校内部管理体制、机制和制度的创新,增强人心的凝聚力,部门的统整力,校家社的融通力。组织专家智库,运用以文化人的国学经典,诠释"以德立人、以智慧人、以体健人、以美育人和以劳助人"的寓意,确保五育融合的落地。

1. 进一步推进以党建促团建带队建的发展

以"落实新时代党的领导体制改革成果,着重加强学校党建与中心工作深度融合,进一步推进以党建促团建带队建的发展,汇聚力量,立德树人"为目标。实施策略:一是党的政治核心作用的"全覆盖"。学校党组织在"把方向""管大局""保落实"方面体现政治核心作用,秉持学校党建与中心工作深度融合的理念,深化实践研究。二是推进党建促团建带队建的"全领域"。以主题教育为抓手,持续开展"一个党员一面旗帜"的岗位争先活动,发挥模范带头引领作用;以"红色经典铭记在心"为主线,开展团员的理想信念教育,让红色经典成为成人仪式的骄傲;以"红色基因融入每一个学生血液"为目标开展少先队工作。以评选"汇学好教师、汇学好少年、汇学好家长"活动,及时总结活动成果,表彰先进,辐射示范。三是确保党的监督保证作用的"全方位"。继续加强班子建设,严格落实"三重一大"制度、民主生活会制度、党风廉政责任制、意识形态责任制;组织好中心组学习,开展中层干部在岗培训,严格执行中层干部选拔任用条例,选人用人公开公正;规范执行发展党员的程序。加强统战工作,关心民盟、民进支部建设,凝聚力量,奋发有为;持之以恒做好教师全员培训,重师德师风师能,打造高质量的汇学教师队伍。开展评选好教师、好学生和好家长等活动,在实践成果基础上完善《汇树人——以党建促团建带队建实践研究》课题研究。

2. 进一步提升服务师生的治理能力

一方面,文化"汇服务"。启动数字化汇学博物馆建设,做好管理人员、讲解志愿者培训,继续将汇学博物馆向社会开放;制作视频、图片、文字及汇学公众号、校园新闻相关栏目展示、年鉴、画册、文创品等,将校园景观视频化。

另一方面,后勤"汇服务"。加强服务部门人员培训,提升个人本岗位的业务纵深能力和其他岗位的横向业务能力。推进全天候的"汇服务"服务教师、服务学生和服务家长,全天候就是:有求必应,有诉必回,有招必引。提升校办、人事工作的文字处理、协调沟通、信息技术操作能力,更好地服务师生和学校发展大局。深化后勤服务社会化:保洁、绿化、维修、保安等业务通过委托第三方国企物业公司,让专业的人做专业的事,探索后勤社会化高效服务模式。规范工作过程执行力:制定工作规范要求和标准,形成工作流程图,保证任何人员上岗都能对工作任务和步骤清清楚楚。进行图书馆功能开发和课程深化研究,发挥任显群外文图书馆和范振华科技图书馆的功能,提供学术阅读支撑。

3. 进一步提升教师发展的综合素养

X中学组织学生家长对"师德感化学生品德,师风影响学生学风,师道引擎学生尊道"的老师开展"我心目中的好老师"评选,鼓励学生和家长称道好老师,形成"汇育人"的文化。学校加强党团员和队伍建设,中层干部竞聘上岗,加快干部队伍建设步伐。由党总支牵头加强中层和两长培训,建设后备干部队伍。

完善见习教师(青年教师)、骨干教师、高端教师三级培养体系,继续举行高端教师研修班,促进教师专业提升。结合课程、德育等,举行专业发展论坛,加强班主任队伍、特色课程教师队伍、跨学科创新教育教师队伍、科研员队伍、生涯教育队伍、后勤队伍建设。提升教师信息化技能,以"问题——主题——课题"促进教师专业发展。通过各级各类团队培训,促进生本学堂和"百题百课"项目,加强深度教研、命题研修和品牌学科建设,完善见习教师(青年教师)、骨干教师、高端教师三级培养体系,确定分层目标,形成"校级—区级—市级"金字塔型骨干教师梯队。培养有灵气的年轻教师、有志气的特色教师、有底气的骨干教师、有大气的高端教师。以自适应精准学习平台为载体,建设汇学名师网络课堂。

4. 进一步提升学生成长的关键能力

X 中学发挥学生社团的校园文化载体作用,并搭建学生自我管理、自我发现、自我发展的平台。目前学校有 33 个社团,分为科技创新、校园文化、健康生活等三大类。社团管理运用以信息技术为主的 OA 自主管理模式,使社团的组织管理更制度化、规范化、科学化。探索社团发展"汇聚杰"的新方向,提升学生成长的关键能力。依托精品社团和重点社团汇聚有理想、有担当、有创意和有才华的后备杰出人才,打造学校与高中社团联动机制,依托课程建设,推进社团课题研究,在高中社团活动中,鼓励每一个社团依托自己的双新课题、研究性学习开展对有发展潜质、潜能和潜力的智优生培养的英才计划等进行社团课程学习的探究实践。

5. 进一步提升科研和丰富课程水平

X 中学通过汇成课题提升教育者的理论水平和实践能力。学校每年确立 2～3 项事关学校发展大局的重点课题,出思路、出成果、出成效、出经验,发挥引领、示范的作用。科研兴校,科研兴师。继续加强科研员队伍建设。深入进行校级——区级——市级——国家级的各个层次课题研究,抓好学校和师生新课题的立项申报,做好现有各级立项课题的正常研究、成果提炼和发布。师生课题研究数量和质量保持全区领先全市一流。积累研究成果,编辑《汇学》杂志,鼓励师生专著出版。进行两年一届的校级论文评选,举办汇学学术节,创新全员科研新模式,让科研成为工作常态,让研究成为校园生活的主要方式。

在确保国家课程体系落到实处的基础上,在优化、丰富和补充中形成学校特色的"汇智课程"。让学生在选择性学习中,培养形成"才气的张扬、才华的提升、才力的发掘和才智的创新"。从"科创"入手探索"五育融合"课程体系建设,探索一条以科创特色促进学生全面发展的道路,深入进行素质教育,尝试创新教育,为科创兴邦而奠基,培养五育新人。传承校本课程创生地品牌,重点推进人工智能项目引领未来校本课程"中小学人工智能课程"AI发明家、人工智能与艺术融合课程(2~3门)等一批科艺体课程提高学生动手实验实践能力、计算思维和跨学科创新思维能力,把学校办成科学家工程师的摇篮,为学生未来解决钱学森之问奠定学识学力基础。

学校利用自适应精准学习平台践行"5G+MR"的全息学习模式实践,构建认知启动式学堂,倡导自主自学自育。尝试在阅读学习中推进网络图书馆建设下的"汇创"学堂。在转变教学方式中,形成"教与学的平等,教与学的自由,教与学的互助,教与学的合作",教与学的共同成长与进步。学堂是以学生的学为中心设计学习过程和经历的场所,是以支持学生学习为根本,也称为生本学堂。学堂遵循的学习原则:预学再教、能学缓教、观学思教、自学少教、以学评教。教师是"引发——维持——促进"学生学习的人。"学堂"的主要特点:低耗高效、动态生效、整体有效。高效学习的重要因素——题目。从"选题目——讲题目——命题目"的过程最能看出学习者的学习真本领。为了把学堂建设落到实处,学校开展了"双百工程"——百题工程+百课工程,要求教研组必须进行主题式教研,两年研究100个教学问题、开100节公开课。

6. 进一步建设校园优秀生态文化品牌

加强校园文化建设,丰实校史博物馆、汇学文化墙,加强汇学文化用品创作。利用校园网汇学公众号、汇学抖音号,加强学校文化宣传和对外交流展示工作,营造"静、敬、精、净、景"的校园文化氛围。

静——教师的宁静致远,让学生志存高远。汇聚活力,凝心聚力。不断赋予育人工作新内容、创建新载体、体现新特点、抓出新成效,提升教职工的满意度和幸福感。增强教职工爱校荣校的荣誉感,充分展示学校教职工积极向上的精神风貌和团队精神。

敬——教师的敬业乐业,让学生博爱感恩。学生敬师、敬长辈、敬他人,充实汇学核心人品"感恩、善良、责任、大气"的内容。

精——教师的精工细雕，让学生精致汇成。师生对学习精益求精，教育传递爱心，教学传递信心。

净——师生心灵净化，共享境界格局提升。共同追求真善美，师生都做高情商的爱国者。

景——学校永远是一道靓丽的风景线。继续做好文化外显的展示，完成文化景观视频化，继续以展板文化、景观文化、墙面文化、汇学文创品等形式体现汇学文化。

三、特色项目支撑协同育人

（一）以文化人的"五育融合"的项目

X中学开发具有学校科创特色的科艺体卫人文课程，并形成相应的评价，从学校管理、课程管理、师资培养等方面创建五育融合的办学体系。加强学生生涯教育和心理健康教育，推进全员导师制，促进学生健康成长。特色办学强化学生综合素质培养，聚焦创新人才早期培养，统筹实施学校学科课堂教学与综合实践活动，培养学生创新思维和实践能力。

从"科创"入手探索"五育融合"课程体系建设，通过学校科创文化、师资、课程全方位的创新，从而真正地建设五育融合体系，主动促进德育、智育、体育、美育、劳动教育融合共生，全面提升学生核心素养。具体做法：一是以原有科艺体卫人文特色课程为蓝本融入相关五育内容形成具有多样育人特色的课程及相关教师培育。二是综合开发融合五育的特色课程，形成兼容并蓄、多样育人的综合融汇课程。三是原有跨学科课程已有特色继续发掘，并发挥更多元作用。

让课程教师寻找自身课程中的"五育"成分；通过搭建平台，扩大外延，思考如何开发课程中的"五育"内容，推动课程内部的五育融合。通过开发、实施跨学科的科艺体卫融合课程，推动五育融合特色课程建设，并对这些课程实施后及时进行反馈。建立相应的课程评价维度，通过课程中对五育细分维度，课堂教学中教师对五育内容的落实情况，评价课堂"五育"教学的效果；通过过程性评价和终结性评价,结合学生在课程实施前后不同的"五育"发展水平,评价课程中五育融合的效果;健全五育教学的课程评价体系。

从学校的日常管理即学校的硬件设施、师资队伍建设、课程的研究开发等对课程的开发及实施提供支持,使得"五育"融合的课程体系能够成为一个常规化的可操作的课程模式,真正地将五育教育融合到日常教学中去。通过"五育融合"课程反哺学校各个层面的建设,带动整个学校全方位对"五育"理解的加深,从而形成"五育"教育的生态可持续发展。

(二)推进科创特色研究型学校的项目

X中学继续深化科创特色高中,尝试创新教育——以信息化应用标杆校建设为重点突破口,探索建设自适应学习支架平台。争创全市信息化标杆校,全面启动相关项目建设。全面推进数字化校园建设;推进学校教育信息化技术应用试点建设,促进学校管理、教育教学和后勤服务等智慧化水平的提升;探索符合本校实际的智慧校园建设模式,打造以智慧教学、管理和服务为核心的智慧校园环境建设。

积极营造校园科创氛围,为学生搭建科创舞台,创造展示锻炼机会。承办市、区级大型科技竞赛;举办校园科技节、创新教育大会、汇学杯、艺术节,进行特色节日活动方案设计和奖项评比。

推进科创特色新项目新课程开发和老项目升级,深入研究开发和实施跨学科课程,进一步整合特色课程群,创新跨学科特色教师多元培育机制,进一步深化科技创新教育,进一步提炼"中学为课程主导"的特色办学经验,形成长效机制。逐步开展科艺体卫人文融合教育实践研究,以特色促进学校全面发展。

把信息化与科创课程教育深度融合,探索教学质量与科创教育和"双新"共进的办学路径,做到个性与全面发展共赢,特色与质量提升并举,促进特色办学进一步提升品质。

倡导教师研究"少教多学",助力学生自己主动学——会研究,不断提升学生自主学习能力,培养学生有思考力、研究力,有科创能力的新时代中学生。大部分初中生和全体高中生跟着课程做课题,鼓励学生成立科创团队、创业团队。让每个学生自信阳光成长,不给任何学生贴标签,师生都有超越自我的意识和勇气,成为成长型师生,有研究和创新意识,特别要培养主动合作和团结协作的能力,不断超越自我。

(三)研究型和学术型教师发展的项目

X中学支持拓展型、研究型科创课程项目,让特色教师不断加强综合性和实践性教学研究,不断创新教学组织形式和教育教学方式,促进学生系统掌握各学科基础知识、基本技能、基本方法,促进学科核心素养的落实,提升学生自主学习能力、合作学习技能和探究学习意识,师生跟着学校的科创课程做科学研究,教师们积极探索大单元、大任务、真实问题情境的教学设计,注重启发式、互动式、探究式、体验式等教学方式。

以品牌学科、全息学堂建设、原创命题、深度教研、课题研究来提升教师的专业能力和教科研水平,提高教研组的整体教学教研品质。借助"三奖"等大奖赛活动,依托"教学月""学术节"展示,为优秀教师展示、分享研究收获搭建平台,促使教师们提炼教学特色,形成教学思想,提升知名度。营造团队做学问氛围,形成一批具有个人教育思想和教学风格特色的"汇学型"教师。要求每位老师制定自己"十四五"发展目标:一是职称发展目标,二是课题研究、论文撰写目标,三是课程开发和实施目标,四是公开课目标,五是指导学生获奖目标,六是带教目标,七是荣誉目标。

(四)教科研训一体化整体推进的项目

X中学推进生本学堂——基于教学改革、融合信息技术的新型教与学实践:加强教学视导工作,推进生本学堂和"百题百课"工程建设。加强深度教研、命题研修和品牌学科建设,确保教学质量高位稳定。进行教学方式改革,实施项目化学习;推进自适应全息学堂MR课件和师生三个层次的微视频制作。提炼总结指向学科核心素养培育、融合信息技术的教与学新模式;围绕学习活动设计、学习支持方式、学习评价方式、学习环境资源开发,组成学习共同体,形成指向核心素养培育的教学实践路径和典型表现样例。提炼骨干教师教学风格特色,举行教研成果发布会,举办汇学教学节,让信息技术助推课堂转型。

以"问题研训—课题引领—区域推进"的思路,促使教研组为单位的研训活动互相渗透、循环推进、形成系列。教研组定期开展公开主题教研,切实有效地把教学实践、教研活动、研修学习融为一体,举行教研成果发布会;每学期的主题教学月通过教学研讨、优质示范来提升学堂品位,展示优秀教师风采,促进汇学型教师的专业发展。

汇学自适应精准学习平台建设:实现基于信息技术赋能下的教与学方式的转变,即基于信息化平台实现学生自学、自育、自评、自悟、自研。以课程为中心,充分整合各种形式的学习资源;适应碎片化学习的需求,对课程内容进行切片;通过平台建设,构建满足多种功能场景的学习模式(自适应学习功能、基于项目活动的拓展研究性学习、基于数据驱动的自评自测复习模式),最终达到提升学生学习动能,实现像打游戏一样的闯关学习。基于信息技术赋能,以智慧化、个性化、精准化促进学习。尝试进行基于测评数据的双新课程教与学方式变革的实践研究。

(五)校家社纵向衔接与横向贯通项目

X中学实施"五育融合背景下的校家社协同育人"项目。从悠久的文化传承和历史积淀中汲取营养,以科创特色的汇学研究文化为引领,通过学校丰富多样的活动,如"夸夸"系列的赞美教育,"感恩、善良、责任、大气"的汇学核心育人品质的培育,中学生创业创新设计大赛,中学生各级各类课题研究等,结合区位优势,打造基于区域特点的汇学德育课程体系,形成学校、家庭和社会之间相互作用的具备科创特色的汇学文化,家校社资源整合,协同实施文、体、劳动教育,共同推动青少年美育素养向着科学、全面、普惠发展。教育是全社会共同的责任,学校、家庭、社区三者之间是相互依存的,学校教育的主导作用、家庭教育的基础作用、社区教育的参与作用三方面紧密结合,为孩子创建一个更加美好和谐的成长环境。

四、优势项目创新协同育人

X中学一直致力于培养"汇学型"学生和"汇学型"教师,而作为一所有着丰厚文化和历史底蕴的百年老校,学校充分意识到时代赋予学校在家庭教育指导中的特殊地位和肩负的责任,经过不断调研、探索和实践,依托课题引领,学校建设"汇学型"家庭教育指导特色品牌,家校协同走在全市前列,发挥优势品牌项目育人作用。

(一)品牌内容

"汇学型"家庭教育指导特色品牌致力于通过家庭教育指导服务,进一步引导家长依法履行家庭教育职责,帮助家长全面学习家庭教育知识,系统掌握家庭教育科学理念和方法,用正确思想、正确方法、正确行动教育引导孩子,引导家长注重培养学生的优良品质、健康人格和良好行为习惯,让每一位汇学家长有智慧地爱、有策略地管、有技巧地教。

1."汇学型"家长的内涵

X 中学最注重的是培养教师和学生的研究精神,希望帮助家长培养、提升研究精神,并将这种精神运用到家庭教育中,运用到日常生活中,言传身教,从而全方位地影响到每一个学生。因此,"汇学型"家长应该是具备四"hui"能力(荟学—会学—慧学—汇学)的家长。

四"hui"	内容	家长层面
"荟"学	荟萃精华 广学博识	具备一定的教育知识基础
"会"学	参悟规律 善于学习	能积极学习家庭教育科学知识与方法
"慧"学	智慧养成 学以致用	能营造良好的家庭育人环境,对孩子起到正面教育作用
"汇"学	古今传承 中西汇通	关心支持学校各项工作,积极参加学校各项活动,积极为学生的教育发展建言献策,优化社会环境

2."汇学型"家长指导策略

第一,"荟"学——了解汇学家长研究能力的基础,确定家庭教育指导方向。做好家长群体情况调查:学校每学年都要求起始年级班主任家访率 100%,对新生家庭进行基础情况排摸，如：学生家庭成员结构、家庭教养方式、家长文化水平等。2018年以来，X中学的家长本科以上学历、硕博学历比例逐年攀升，本科比例从2018年的80%逐渐稳定在近两年的85%，硕博学历从原来不足7%增长到2023年的15%，家庭中多子女比例基本稳定在21%。家长对孩子教育的焦虑也越来越普遍，家庭教育错位现象时有发生，如：重视了家庭教育的经济投入，但忽视了家庭氛围的营造；重视了孩子的学习成绩，而忽视了美育实践、科学素养和品格养成等。

摸清家庭教育指导需求：学校每学年都会在各年级进行家庭教育需求调查，结合家长群体情况，对学年的家庭教育指导工作进行一个整体规划。结合调查，我校家长普遍学历文化水平较高，基础素养、教育意识和教育能力具备一定的基础，能认识到家庭教育在孩子成长过程中的重要作用，也愿意和学校合作帮助孩子健康成长。需求调查也发现，家长对家庭教育的内容还存在一定的错位，大多数认为家庭教育就是在家里管好孩子的学习，重智轻德现象不在少数；家长强势的行为也较普遍，强制孩子接受家长的教育安排，造成孩子不堪重负，产生厌学，甚至对抗；同时不少家长也缺乏和孩子平等沟通的理念和技巧，随着孩子年龄的日益增长，家庭教育矛盾也日趋显著。

因此，为了提升家庭教育指导的实效性和针对性，学校每年都会结合需求调查，聚焦家庭教育的某个方面，开展指导。

学年	家庭教育指导重点
2018学年	家庭书房建设
2019学年	培养学生"感恩"核心人品
2020学年	青春期孩子的身心特点
2021学年	学生社会能力养成
2022学年	线上学习亲子沟通技巧

第二，"会"学——指导汇学家长科学家教，提升家长研究力。打造"家庭教育专家智库"，家庭教育指导专业化。《家庭教育促进法》明确了家长对家庭教育的重要作用，而结合我校家长的能力与需求，学校主动承担起对家长培训的

职责,邀请了 33 名专家学者组建学校家庭教育专家智库,由法律、心理学、社会学、家庭教育、德育、公共安全等领域的专业人士开展课程、讲座等形式,共同指导学校家长提升家庭教育理念、改进家庭教育方法。

2022 年居家线上学习期间,学校分别邀请了三位专家针对学生居家心理健康、学习内驱力、亲子沟通技巧等方面对家长进行了专题指导。通过后续家长学校满意度调查,家长对学校邀请的专家、设计的讲座内容满意度都达到了 99%,对学校的家庭教育指导工作表达了高度认可。

修订《"汇学型"家长学校读本》,家长学校建设序列化。《教育部关于加强家庭教育工作的指导意见》中强调要"共同办好家长学校",要"把家长学校纳入学校工作的总体部署中,并开发家庭教育教材和活动指导手册"。X 中学"十三五"期间已经针对家长学校开发了基于学校特色的《"汇学型"家长学校读本》,初高中各一册。在此基础上,进一步按照学生学段的不同特点,对家长学校进行序列化建设,同时对《读本》进行修订,初步形成了家庭教育指导的基础课程、专题课程和特色课程,提升了家长学校培训的针对性。

基础课程中,主要涵盖党的教育方针、相关法律法规、中学生青春期身心发展规律等。专题课程中,主要涵盖:①亲子关系,如:父母的情绪对孩子的影响、教孩子学会与他人有效沟通等;②良好家风建设,如:良好家庭教育氛围构建的对策、家长该如何正确引导孩子上网等;③家长对孩子身体素质方面所需的知识,如:让孩子爱上运动、应对中考的科学饮食;④家长对孩子行为习惯所需的知识,如:正视"网瘾",让"青春期"不再撞上"更年期"。

个性化课程中,主要涵盖:①家长对孩子实施道德品质所需的理念方法,如:加强孩子的责任感教育等;②家长对孩子心理健康方面所需的理念方法,如:青春期心理需求、同伴关系对青少年的影响作用;③家长对孩子文化修养所需的理念方法,如:中学生良好学习习惯的培养、中学生时间管理方式的特点等。

建设"家庭书房",家庭教育实践理论化。学校从 2018 年开始推进"家庭书房"建设,通过书房建设,营造一种热爱读书的家庭氛围,激发学生的课外阅读兴趣,养成良好的课外阅读习惯;通过"亲子共读",创造一个孩子和父母沟通思想、交流情感的机会,使家长能深入地了解孩子的心灵,体会阅读带来的快乐和幸福感。从书房的布置、命名,到书房内书籍的选购、放置;从亲子共读计划的制订,到家长和孩子读书日记的互相交流;从在自己家的书房一起开展阅读,到参加家委会组织的"亲子读书会";通过学校推动"家庭书房建设",家长反馈建议与心得,进一步推动家校合作,促进家长家庭教育实践理论化。

第三,"慧"学——组织多彩家校活动,助力汇学家长化理论为实践。展播心理情景剧"循情之向,剧创我心",引导家长走入孩子心灵。家庭环境对子女心理健康水平、人格发展有着极其重要的影响和作用,学校一直非常重视家庭教育指导与心理健康教育的融合。从 2020 年起,组织学生拍摄心理情景剧,这既可以帮助学生更好地认识自我,通过探讨日常生活中的情绪冲突,解决自身的成长烦恼;家长也可以通过观看心理情景剧更了解如今孩子的内心真实想法,从而反思家庭教育,更好地承担起家庭教育的职责。学校通过微信公众号展播了 8 期心理情景剧《循情之向,剧创我心》,如《妈妈摔了我的手机怎么办》,通过心理情景剧展播,帮助家长明白沟通中的评判、责备、威胁、回避责任只会增加冷漠、隔阂、敌视,令结果事与愿违;而尊重彼此的感受和需要,以具体的方式清晰地表达自己的请求更容易得到积极回应。这 8 期心理情景剧在家长中取得了非常好的反馈,很多家长看了后都自发地和班主任老师交流了感想。

线上云班会、云升旗仪式,帮助家长缓解教育焦虑。居家线上教学期间,学校邀请家长和学生共同参与每一次的升旗仪式、班会课,如:"清明祭英烈,伟绩励青春""居家抗疫,心向阳光""读书成习惯,书香满校园"等升旗仪式,围绕清明节、世界读书日以及居家抗疫的亲身经历等教育契机,鼓励学生和家长们面对困难,迎难而上,坚持不懈。班主任也通过云班会为学生和家长送上生活小贴士、应对情绪小妙招、居家运动小建议等各种暖心关怀。学生和家长也积极通过在线投票、在线讨论、分享经验、vlog 视频等方式互相分享居家学习生活的方方面面。同时,学校还邀请了知名主持人,联合知名钢琴家和主持人给汇学的学生和家长们送来祝福,加油打气。通过让家长参与孩子的日常学习生活这样的方式,探索线上线下德育融合的新形态,增强对学校线上教学的信心,缓解家长的焦虑情绪。

开展丰富多彩的家校活动,架起家庭亲子沟通桥梁。首先,"夸夸我的好家长"系列征文,学校结合育人核心品质"感恩、善良、责任、大气",学校开展了一系列的"夸夸"征文活动,尤其是连续举办了两季的"夸夸我的好家长",受到学生的追捧,第一季收稿 327 篇,第二季收稿 445 篇,并在汇学公众号展播 41 篇优秀征文,通过"夸夸"活动,教育学生心怀感恩,传递感谢父母的情感。学校还开展了面向家长的"我的教育故事"征文活动,让家长用"叙事"的形式书写一个充满教育智慧的家庭教育故事案例,展现家长们的教育智慧。其次,"我家的'人世间'故事"系列征文:学校以习总书记关于家庭、家教、家风等重要论述思想为指导,积极响应社区号召,组织家长和学生参加学习强国平台"我家的'人世间'故事"征文。家长和学生积极投稿,共收稿 142 篇,5 位学生的文章成功入选学习强国专栏,将时代的背景融入汇学学生的家庭故事中,通过挖掘姥爷的口琴、外婆的针线盒、奶奶的老茶壶等背后的故事,写好汇学学子的家风故事,激荡起浓浓的家国情怀。再次,"汇学最美亲子书声"经典篇目诵读,学校为展现新时代家庭风貌,促进亲子关系,在学校家庭书房建设成果的基础上,积极推进阅读,形成亲子"爱读书、读好书、善读书"的良好风尚,于 2022 年 7 月开展了"汇学最美亲子书声"作品征集评选活动。活动要求由孩子和家长(父辈、祖辈等均可)共同参与,亲子诵读语文课本中的经典篇目,并录制成音频作品。最终共有 374 组家庭积极参与,朱自清先生的《春》是被选读最多的篇目。最后,"以爱润家 共促未来"一封家信赋能成长活动,学校号召汇学家长们以一封家信的形式,呈现科学的家庭教育理念和方法,传承优秀家庭家教家风,体现家长在打赢疫情防控攻坚战中发挥家庭教育的积极作用,引导汇学学子们坚定信念、守望相助、共护家园、热爱祖国。活动受到了家长们的积极响应,49 位家长以一封封真挚家信,一个个发生在学生之间的亲子故事,呈现背后一个个温馨的家庭。49 封信中的 12 封在电视教育频道进行了发布,39 封在学校公众号进行了连载,学校的家庭教育指导获得了学生、家长和社会的点赞。

第四,"汇"学——让汇学家长成为学校的伙伴,将研究成果惠及他人。经过学校家庭教育的有效指导,我校家长们都能积极地参与学校管理,如居家线上学习期间,家长就积极配合学校完成了"X 中学居家生活问卷调查",对学校线上学习进行了积极正面的反馈,并提出了合理的建议。校级家委会也经常组织家长们参与学校食堂的监督和检查,定期开展检查工作。学校还组织家委会讨论表决调整初中学段学生课外活动费收费标准;组织家委会参加学校跑道翻建施工质检工作;组织家长与学生一起参加欣赏民乐团演出等等。通过家长对学校管理的参与,对学校教育工作的参与,包括为学校提供校外实践活动的场地,都为学校发展和学生成长提供了强大的推动合力。

家长参与学校志愿者服务。学校组建了一支由热心家庭教育工作、高文化素养的社会各界人士组成的家庭教育志愿者队伍。除了大批家长志愿者走进课堂,助力教育以外,由家长组成的交通志愿者队伍成了学校门口一道亮丽的风景线。每天早晚上下学高峰时,家长志愿者主动维持校门口的秩序,成为学生安全有力的守护者。高中学生在"五四"时开展"职业生涯体验实践活动",资源也都是由家长提供。学校通过指导这些家长志愿者,使得志愿者们在帮助学校的过程中对学校产生更深刻的理解和认同,并在家长群体中口耳相传,进一步提高学校在家长心目中的地位,促进了家校协作。

家长参与家长讲堂建设。为进一步体现家长在拓展教学资源、深化素质教育等方面的作用,发挥家长的专业优势,更好地发展学生综合素养,学校积极鼓励经过家庭教育有效指导后,具备高水准研究能力、研究精神的家长参与家长讲堂建设。家长讲堂开课前,充分利用家长学校等载体,对家长进行针对性的上岗培训,让学生家长具备讲堂所需的基本素质,确保家长讲堂的质量。同时,学校还通过课后调查问卷、满意度调查等形式,调整家长讲堂的内容和开讲方式,尝试线上线下混合、录制微课等信息化手段,保障家长讲堂的有效落实。

(二)品牌成效

1."汇学型"家长评选

学校在区级课题"家校共研 助力'汇学型'家长成长的实践研究"的引领下,从"十三五"期间开始着力探索具有学校特色的"汇学型"家长的内涵与外延,探求"汇学型"家长的养成策略。2021 年 11 月,正式启动了学校第一批"汇学型"家长的评选工作,每两年评选一次,经过学校家庭教育领导小组的指导,经由家长自荐、班级家委会推荐等形式,由校级家委会邀请专家进行评审,最终评选出首批 130 位"汇学型"家长,并于线上进行了颁奖仪式。

2.超级家长会

2019 年起,学校为了更好地了解家长最关切的家庭教育问题,提升家长亲子沟通的能力,传播优秀家长的家庭教育理念,示范辐射学校家庭教育指导的成功经验,致力于打造"超级家长会"项目,目前已成功举办 3 期。三次超级家长会分别聚焦"青春期亲子沟通的误区与出路""家庭教育中学生和家长的沟通方法",邀请到专家教授、《东方教育时报》"家教周刊"总编、国家注册心理咨询师、区教师进修学院德研室专家学者出席。2023 年 6 月 21 日晚举行的第三期"汇聚爱 共舞台"超级家长会,则邀请了著名主持人与汇学家长们共同演绎了一场家长、学生、教师的联欢,通过教师、家长和学生共同上台表演节目,共同收看节目,让每一个孩子看到不一样的父母、师长,进一步促进家校协同,更好地传播学校家庭教育指导的成功经验,带动区域家庭教育共同成长。

3.示范辐射

学校作为市"十三五"家庭教育示范校,五年来,家庭教育指导成效显著。家长基本形成了正确的家庭教育理念,掌握了科学的家庭教育方法,在家庭生活中能更全面地看待孩子的成长。有 13 组家庭的家庭教育指导成果登陆"学习强国"学习平台,有 92 篇家庭教育指导的文字作品在市级、区级平台或学校公众号发表,评选出首批高品质的 130 位"汇学型"家长。学校家庭教育指导的各级各类活动获得家长的一致好评,并主动在社会区域内帮助学校宣传。

家庭教育指导理念已深入到每一位汇学教职工心中。学校致力于培养有灵气的年轻教师,有志气的特色教师,有底气的骨干教师,有大气的高端教师。学校教育教学质量高位稳定,中考成绩名列公办学校前茅。2018 年 11 月和 2019 年 11 月以高分通过特色高中的初评和复评。专家组一致认为,学生的行为表现优秀,学校的课程结构能全面回应特色高中的育人目标。学校建有完善的、能持续提高课程品质的保障机制,聚焦特色,关注课程—教学—评价的一致性、整体性,走在了全市前列。学校基于汇学特色的家庭教育,取得了显著成效,师生、家长、同行认可度高,社会声誉好,发挥了示范引领作用。

五、素养评价激励协同育人

立德树人协同机制离不开评价方式的变革,新时代课程改革对评价的改革也提出了新的要求,而创新性评价就在新的要求下得以出现。2001 年颁布的

《基础教育课程改革纲要》(试行)指出,"改变课程评价过分强调甄别与选拔的功能,发挥评 价促进学生发展、教师提高和改进教学实践的功能";2014 年的《意见》指出"与课程改革相适应的考试招生、评价制度不配套,制约着教学改革的全面推进"。因此,评价标准更加重视育人导向,推动中小学阶段积极进行教育质量评价的改革,促进评价方式的多元化变革,同时也要积极探索多元评价指标体系的构建,特别是体现立德树人根本要求,通过评价引领学生成长成才。

1. 对接核心素养的评价理念

首先,中学的评价理念对接核心素养。《中国学生发展核心素养》评价内容涉及人格、学习、生活、实践、创新等各个层面,核心素养的提出既是学生需要实现的目标,同时也是学生需要掌握的内容,因此为了使得评价体现育人的思想,X 中学将评价的理念与核心素养对接,在核心素养的指导下,构建学生的评价体系,因为核心素养是育人的主要内容,因此通过对学生核心素养的评价,便体现了评价的育人导向,在此理念的指引下,可以掌握学生是否已经具备较好的素养以及需要进一步完善的素养,通过这种客观的评价方式凸显育人的理念。其次,X 中学在做好调研和具体设计的基础上,开展实际操作。而在操作中并非一成不变实施,也会根据实际情况进行适时和及时的调整,关注过程的评价。新课改以来,X 中学重视将过程与结果评价两种形式相补充结合,改变评价方式中的"唯分数"论的现状,克服学生素养评价仅仅依靠考试分数这个单一指标,避免评价育人目的扭曲化、评价发展功能的隐蔽化、评价多维指标的单一化、评价实施操作的绝对化[①],纠正学生、家长、教师只关注解答题目,而忽视题目背后的知识价值本质。X 中学关注阶段性和细化指标,形成了完整的评价体系,同时也有利于改进教学流程,以更好地促进学生经验的获得和丰富。最后,核心素养的评价改革牵动立德树人工作协同,由于学生评价要求过程与结果评价统一,要求学习成绩与多维素养相统一,这对学生学习、家长引导和学校教育都提出了更高协同育人要求,从而增强各主体协同育人的内驱力。

2. 全方位的评价导向

全方位的评价是育人观念转变的具体体现,一是对学生多方面的全方位评价,二是通过不同的评价主体对学生多角度的全方位评价。首先是评价要素的

---

① 刘志军,徐彬. 综合素质评价:破除"唯分数"评价的关键与路径[J]. 教育研究,2020,41(02).

全面化，X 中学逐步纠正评价体系中对五育的评价呈现出不平衡的状态，避免智育的过度评价导致体育和美育评价的忽视，增强学生的身体素养和审美情怀培养，因此 X 学校更加重视体、美的教学和评价，促使教师和学生乃至家长对其的重视。此外 X 中学依据教育理论，从学生实际的特点出发，把社会主义核心价值观的践行成果设为评价所要考察的内容，使学生不仅重视对价值观的知识理解和记忆，同时更重视社会主义核心价值观内化于心，外显于行，通过其行动表达自身价值追求，评价包括学生在学校、家庭以及社会的社会主义核心价值观行为。X 学校为能使学生全面的发展，坚持通过多个主体对学生进行评价，主要包括自评和他评，亦即在对学生进行评价时，除了他评外，不可以忽视学生自评的方式。X 学校的评价改革，鼓励学生作为主体积极参与自评互评；克服评价过程中教师擅自做主，让学生行使了评价的权利，扭转学校主体评价的功利性，真正体现立德树人的要求[①]。X 中学为实现全方位的评价重点是增强学生这一评价主体的评价意识，学生既是自评的主体，同时也可以作为他评的主体，给同学进行评价，从切实经历者的视角对自己的学习效果进行评价将会促进学生的反思意识的提升，这从侧面反映出评价的价值一是改进教学，二是促进反思意识的形成，三是推动构建学校、家庭和社会协同育人格局。

---

① 刘志军，陈雪纯. 高中学生综合素质评价主体多元化：问题与思考[J]. 中国考试，2020(08)：67 – 71.

第六章

中学立德树人协同机制的优化建构

中学立德树人作为一项系统性工程,需要通过家、校、社协同育人方式促进其创新性发展。前文中对于立德树人历史的梳理以及现状问题的分析,清晰地表明当前学校立德树人工作亟待解决的紧迫问题,因此需要优化协同育人的机制。这既是理论的要求,也是实践的指向。具体而言,应着眼于学校立德树人的实践工作,优化立德树人协同的整体设计、育人体系以及实施路径。

一、优化立德树人协同的设计

立德树人协同机制的设计集中在"三全育人"的理念上。"三全育人"旨在培养德智体美劳全面发展的社会主义建设者和接班人。新时代学校立德树人协同机制体系的构建包含三部分要素:一是育人主体,实现全员协同育人,各方面人员共同参与;二是育人过程,注重育人连续性和阶段性的统一,实现全过程育人;三是空间要素,要求教育主体综合运用各类载体,实现全方位育人。

1. 立德树人导向的协同全员育人

全员育人需要各方面人员的充分协同参与,包括德育专业人员、思政课教师、专业课教师、学校管理者、后勤服务人员以及家长和社会人士。育人不是仅仅局限于课堂内,更应该扩展至课堂外进行,并实现学校、家庭、社会的协同育人,确保没有任何环节疏漏。"全社会要担负起青少年成长成才的责任。各级党委和政府要为学校办学安全托底。"①为实现这一目标,应建立学校、家庭、政

---

① 习近平在全国教育大会上强调坚持中国特色社会主义教育发展道路培养德智体美劳全面发展的社会主义建设者和接班人[N]. 人民日报,2018 - 09 - 11.

府、社会协同育人的机制，这一机制要遵循"育人为本、全面发动、全面普及"的原则，同时探索构建与现代社会相适应的"家庭育人、教书育人、管理育人、服务育人、环境育人和自我育人"的育人规律新模式、新策略。然而，现实生活中却存在三者相互割裂的现象，协同育人的机制很不完善。为解决这个问题，首先应发挥家庭在立德树人中的基础作用。家庭教育作为整个人生教育和立德树人的基础和起点，具有直接性和情感性的特点，其关键是引导学生学会正确的道德规范。因此，要高度重视家庭建设，注重家教、家风文化，注重言传身教，以树立榜样作用。在新时代，我们要结合社会主义核心价值观，培养爱国爱家、相亲相爱、民主和谐的社会主义家庭文明新风尚。

其次，发挥学校在立德树人中的独特作用。作为专门的育人场所，学校应坚持把"立德树人"作为工作的核心，确保教学、管理、文化、教职员工等要素都以其为中心，推动实施全员育人。教师要以德立身、以德立学、以德施教，注重师德师风建设的效果；后勤人员也要展现积极的工作态度和生活状态。此外，学生自助和同伴互助是实现育人的内在机理，学校应发挥学生自我教育的作用，重视少先队、学生会等学生自我管理的组织，实现自我管理、自我教育和自我提升。同时，要注重同伴之间的相互影响，通过榜样感染和相互激励推动同伴共同进步。

再次，发挥社会在立德树人中的支持作用，学校教育与社会教育应保持一致，因此社会应自觉承担起立德树人的职责，营造健康的舆论环境；宣传优秀先进的榜样，树立典型效应；以优秀的文艺和影视作品陶冶道德情操，注重公众人物的影响力；社会上各部门和各单位都要统筹协调社会资源，宣传社会正能量，合力育人。

2. 立德树人导向的协同全过程育人

近年来，全国学校都在深入贯彻落实全国教育大会精神和中共中央、国务院文件要求，把立德树人作为中心环节，把思想政治工作贯穿教育教学全过程。而学校作为立德树人的主阵地，在进行思想政治工作时要适应新时代要求，必须从理念、内容、方法等方面不断创新，全面提高质量，不断增强实效性。为实现立德树人工作目标，既要结合学生成长阶段的纵向关联过程，也要关注横向融合协同的过程，实现"五育"并进的目标。纵向衔接主要指职责层级和时间阶段上的衔接,职责层级衔接指的是职责与任务的层层有效落实,时间阶段衔接指的是立德树人对学生成长成才过程的全过程、全领域的融入。横向衔接包括知识维度的五育融合以及课程维度的综合一体化。

在纵向上,首先需要实现国家与地方政府、教育行政部门、学校及班级之间的层级协同。各单位应确保信息传输及时,同时确保在层级间的转移过程中不会发生错误或延迟;分层协作可以使各个层次达成一致,不仅要避免被动执行,又要避免各级单位互相推诿、互不帮助现象的发生;层级协同也是一种有效的监督与激励策略,可以避免在立德树人工作中出现官僚作风,提高工作者的工作效率与积极性。其次,五育在不同年龄和学习阶段之间的衔接也非常重要,包括从幼儿教育起始,经历小学、初中、高中、大学等不同学段,实现学段间的一体化。在这一过程中,需要构建一个以立德树人的目的、内容、课程、方式、方法为依据的序列化体系,推动实现立德树人在不同学段间的有效衔接。时间衔接是所有衔接中最为关键的协同立德树人全过程的要素。在幼儿园阶段,应坚持以游戏为基本活动,加强科学保教,注重培养良好的品德与行为习惯,锻炼幼儿健康的体魄,激发他们的探究兴趣,培养积极的交往与合作能力,促进幼儿身心全面和谐发展;小学阶段主要开展行为习惯养成教育,侧重基本社会公德、家庭美德的培养,基本课程内容包括生命安全教育、行为习惯教育、生活常识与规则教育、劳动与节俭教育、集体意识教育、传统美德教育;初中阶段主要开展价值感知教育,侧重社会公德、社会规则和基本法治观念的培养,基本课程内容包括中华民族优良传统和美德教育、公民意识和法治教育、基本国情和时事教育、青春期卫生常识和心理健康教育等;高中阶段主要开展价值认同教育,侧重于世界观、人生观和价值观的塑造,基本课程内容包括中国特色社会主义理论教育、理想信念教育、网络道德教育、人生和职业规划教育、职业道德教育等;大学阶段主要开展理想信念教育、爱国主义教育、公民意识教育,这些教育侧重于培养中国特色社会主义的优秀公民,培养社会主义核心价值观的践行者、示范者和传播者,培养中华民族伟大复兴中国梦的追梦人,基本课程内容包括马克思列宁主义、毛泽东思想和中国特色社会主义理论体系教育、国史教育、国防教育和国家安全教育、公民权利义务教育、民主法治教育、社会公德教育、家庭美德教育、个人品德教育、创新创业教育等。

　　在横向上一体化教育指的是将德育、智育、体育、美育和劳动教育等要素融合在一起,也指将教育目标、内容、途径、方法与评价等要素结合,构成一个整体的教育体系,以实现学生五育的一体化发展,培养学生成为全面发展和时代所需的新人。体育在增强学生体质、培养健全人格、锤炼意志品质等方面发挥的作用需要在开齐开足体育课的基础上实现;美育对学生情感的陶冶需要根植于时代生活,遵循美育特点,弘扬中华优秀文化中的美育精神;劳育是以实践劳动为载体的,培养学生的劳动意识、劳动观念、劳动能力以及劳动热情,使其具备诚实劳动和创造性劳动能力的重要途径;智育以国家课程为载体,不断提升学生思维方式和知识储备;德育则将道德教育融入学校和生活中,培养学生的道德素养。五育领域都有其独特的价值和重要性,要实现其一体化的目标,不仅需要培养学生各个方面的能力,还需要注意五育之间的融合贯通。比如,在体育中培养学生的体育精神和赛场上遵循的道德规范;在美育中锻炼学生的审美能力,扩充他们的知识广度;在智育中传授传统文化中的美德教育等。五育之间的交叉互动可以搭建知识之间的桥梁,实现知识的贯通,进而实现德智体美劳五育的一体化发展。而教育目标、内容、途径、方法与评价等要素的结合,是指搭建完整的课程体系,实现知识目标到评价指标之间的贯通,进而形成一个良性循环的体系,根据目标寻找内容、根据内容确定途径和方法、根据目标和过程进行评价、再根据评价结果改进整个教育过程,形成一个开放上升的循环体系。[①]"还有学者从育人过程和环节的角度出发,指出通过多个平台的建设,实现其协同联动"[②]。由此可以看出实现教育的协同联动是实现教育一体化的必要条件,而通过这些平台,可以将知识在不同环节之间进行有效协同,并围绕一个素养或话题充分延展知识,有针对性地涉及学生各个方面的发展,从而实现知识在水平方向上的跨界融合。

　　3. 立德树人导向的协同全方位育人

　　协同全方位育人是一种立德树人导向的教育理念,目的在于通过整合不同的教育资源和载体,实现线上与线下、课内与课外以及家庭、社会、学校等多个

[①]　刘俊峰. 基于过程的思想政治理论课教学质量评价探析[J]. 学校党建与思想教育,2018(13):24 - 26.

[②]　闫玉,黄佳. 协同效应下高校思想政治教育联动模式[J]. 思想理论教育导刊,2018(07):135 - 138.

领域的协同与联动,全面培养学生德智体美劳等多方面的素养。

首先,实现载体的整合与优化。第一,实现传统与现代的整合。在现代化的教育背景下,传统的教材、课程、实践平台和文化载体等仍然起着重要的作用,但同时也需要与现代化的网络技术发展结合,形成一个整体。基础教育阶段的载体应体现时代特征和需求,并且具备广泛性与渗透性。通过灵活的教育方式,例如采用互动式的教学模式,结合现代媒体和活动文化等,使学生更容易接受教育内容,提高德育的广泛性和渗透性,实现高效的教学。第二,要加强对新媒体载体的扬长避短与深度开发。相对于传统媒体而言,互联网具有交互性强、信息内容丰富、传播途径广泛等特点,这使互联网成为立德树人教育中重要的教学载体之一。除此之外,新媒体的优势可以提高教学效率,但也面临阅读碎片化等问题,因此需要在保留其优势特征的基础上,进一步深化发展,使其更好地支持教学。

其次,实现人与技术的整合。在人与技术之间的相互作用中,人们通过利用技术来提高教育质量,并不断完善技术以适应不断变化的需求,实现人与技术的共同发展和整合。在教育教学中,教育者可以将新媒体技术作为教学手段进行运用,通过其技术可以更加全面、直观地展示教学内容,为教师和学生提供便捷的交流渠道,促进师生之间的研讨交流、共同成长。然而,随着技术的发展,学校在立德树人工作中面临着一些困难。新技术对学生的认知方式和认知能力产生了影响,因此需要教师作为学生价值观和态度上的"引导人"来传递主流的价值观,使学生的思想得到正确的发展。这也表明了新媒体技术与人之间需要实现有效整合,人们享受技术便利的同时也要考虑到新媒体带来的负面影响,教师便要在主观作用与技术的客观便利之间找到平衡,既达到培养学生的媒体素养,同时也实现立德树人的目标。综合运用传统载体和现代化载体,协调线上线下立德树人教育工作,是信息化、科技化高度发展的必然要求,也是新时代背景下学生的真切需要。

再次,充分挖掘与利用育人资源也是实现立德树人的关键。第一,要挖掘学科教育中隐性德育资源,将立德树人工作贯穿于教育教学全过程。不同学科中都不同程度地存在隐性的德育资源,教师需要对学科知识体系有充分的了解,通过教学潜移默化地培养学生的道德素养,提高学生的精神觉悟。第二,要发掘学校管理制度中的隐性资源。学校中的物质和文化环境、规章制度以及教师的素养等都是可利用的隐性资源,通过对学校环境的布置文化氛围的塑造,以物质和精神的文化熏陶方式影响学生;同时在学校的规章制度上,也要充分体现德育思想,使学生在自主性和约束性之间感受到道德教育的力量。

最后,实现内外的联动与融合。通过建立校际协作平台和机会,学校之间可以交流共享在教育理念、学科建设、师资队伍、硬件设施、文化氛围等方面的育人优势;通过创建合作平台和机会可以促进学校间教育效益的交流和分享;多个学校间建立区域合作平台,共同进行合力培养,并充分发挥专家的作用。其次,要进一步完善家校社会的协同机制。学校通过家访制度等多种家校合作策略,加强学校与家庭之间的联系。此外,要充分发挥社会在立德树人中的作用,挖掘和利用社会环境中的隐性教育资源。

二、优化立德树人协同的体系

学校应从两方面推进德育工作。一方面,对内以深化改革为核心,进一步巩固大思政、大德育格局,优化机制建设;另一方面,立足中国特色和本校实际,选择性借鉴其他国家德育的经验,完善德育体系。学校应坚持各类课程与思想政治理论课协同,实现德育的深度发展,满足学生成长发展的需求和期待;秉持价值塑造与知识传授、能力培养深度协同的理念,在德育内容深度发展的基础上,让学生在修身立德、学习为德的过程中不断进步;坚持将校园文化活动与社会实践广泛融合,调动学生参与积极性,在体验中内化核心价值观;坚持思想政治工作队伍与专业教师队伍两股力量双向融合,形成全员育人的协同效应;坚持思想政治教育传统优势与新媒体、新技术的高度协同。

1. 德育与学科课程协同,实现德育课程到课程德育的范式转换

立德树人是面向所有课程的根本任务和基本目标。《加快推进教育现代化实施方案(2018—2022 年)》提出,将思想政治工作体系贯穿于学科、教学、教材和管理体系当中,深入构建一体化育人体系。过去,学科教学过于强调基本知识和基本技能,教材中只有知识,教师只注重课本内容,而忽视学生的价值观;教学内容只关注知识和技能的传授,而忽视学生能力、情感、道德等方面的发

展;教学评价只注重分数、成绩和升学,而忽视学生其他方面的多元评价。因此,学校教育必须实现从"学科教学"到"学科育人"的转变,并借助学科知识这一媒介,实现育人目标,深入挖掘不同学科中隐含的道德教育和人格培养教育,同时以培养学生的学科核心素养为重点,实现道德教育的目标。

首先,通过学科教学实现教材与教学之间的对话整合,可以促进育人目标的实现。为了实现这种融合,各学科在制定目标之前需从顶层层面考虑立德树人的要求,并立足于学科核心素养;需挖掘教科书中的隐性德育资源,并将其转化为德育内容;教学原则也需注重教育性,发挥教学的教化作用,"在知识教育的过程中坚守立德宗旨,呈现知识教育的人本意蕴"①。学科教学应是教育性教学,即在教学的过程中培养社会主义事业的建设者和接班人,鉴于教师的教学、课堂的活动、教材的使用具有主观倾向,同时教师的品质对学生也有示范引领作用,因此教师在教学过程中必须要坚持正确的政治方向,将社会主义核心价值观有机融入学科教学中,实现教书与育人的统一。

其次,将学科核心素养作为架构学科体系、教材体系和教学体系的桥梁,实现知识与育人价值的整合。学科核心素养是学科育人价值的集中体现,是立德树人根本任务的学科具体化。通过以学科核心素养为目标的教学,可以借助书本知识内容的教学培养学生的素养,当我们明确了学科核心素养也就明确了教学目标和教学评价的依据,这也使教学过程更加有针对性和系统性;根据系统的教学目标制定学业质量标准,根据教学内容实现素养目标的转化;根据学生的实际情况和教学情境调整教学内容。将学科核心素养作为教学起点,并贯穿于教学的全过程中,不仅注重学生知识的学习,而且注重向学生传递价值观的内容。

因此,为了改变"知识教学"与"道德教育"的两张皮现象,真正落实立德树人的根本任务,需要从学科内在的知识体系入手,实现课程的德育价值。同时,根据不同阶段学生发展特点,将社会主义核心价值观作为指导思想,形成纵向衔接、横向贯通、互补相成、螺旋上升的整体德育体系,更好地促进青少年学生全面健康成长。这也意味着我们需要将德育纳入学科教学中,培养学生的道德意识、价值观念和行为准则。通过学科教学,教师应当注重正确的政治方向,将

---

① 李辉. 优化德育课程要以立德树人为根本[J]. 中国德育,2018(04).

社会主义核心价值观有机地融入学科教学中,从而实现教书与育人的统一。

2. 理论与实践育人结合,达成道德培育与实践体验的并驾齐驱

实践育人是以学生亲身体验为特征的教育活动,旨在培养学生的知识、能力、情感与价值观。实践活动主要分为学校内和学校外两种形式。在学校内,包括学科实验课程、综合实践活动课程以及社团活动、主题活动、宣传活动等;在学校外,包括场馆学习、社会志愿活动、职业体验活动等。这些活动有助于学生在多个层面上的全面发展。

在知识层面上,实践活动为学生提供了检验和应用知识的场所,帮助他们进一步加深对知识的理解。从能力层面来说,学生在参与实践活动的过程中可以提高自身的创新能力、问题解决能力和实践能力。在情感与价值观层面来说,学生通过实践获得情感体验,增强社会责任感,提高道德素质。

为了转变基础教育中人才培养方式,必须加强实践育人。一方面,需要增强教学的实践性,采用实践性教学的方式对适当的内容进行教学,扩展学科育人的空间,增强学生的体验性学习和操作性学习。在学科教学方式上加入实践的教学方式能够让学生通过亲身的实践体验感受知识的来源以及知识的运用,实现知行合一。尤其在课程德育的教学中,实践的方式可以使学生更好地内化道德知识以及了解在何时做什么。

另一方面需要增加专门的实践课程,让学生在实践中获得全面发展。学校应超越课堂和书本的局限,开设实践教育课程,将学科知识学习与实践活动相结合,与学生的生活相连接。学生参与社会实践、志愿服务和综合实践活动课程对于培养学生的实践能力、创新精神、社会责任感和社会主义核心价值观具有重要意义。通过理论教育与社会实践相结合,可以提高立德树人的成效。此外,还应广泛开展诚实守信、文明礼貌、遵纪守法等主题活动,利用升旗仪式、团日活动、校园节日开展相关教育活动,引导学生践行社会主义核心价值观。通过一系列具有学校特色和时代特征的文艺体育、学术讲座、公益服务等实践活动,将德育、智育、体育、美育融入学生的学习中。

最后,学校还需要注重实践活动开展的保障工作。建立学校长期稳定的实践育人基地,如革命教育纪念馆、博物馆、劳动场所等,为学生提供实践机会。同时,要确保学生进行外出实践活动时的纪律和安全问题得到妥善处理。

3. 社会主义核心价值观教育为主线，确保价值引领顺畅

社会主义核心价值观教育作为道德教育主线的依据，包含理论依据和实践依据。"社会主义核心价值观被视为当代中国精神的体现，旨在培养担当民族复兴大任的时代新人，强化教育引导，并将其融入社会发展各个方面，以激发人们对核心价值观的情感认同和行为习惯。"[①]

在内容上，社会主义核心价值观将个体成长、社会和谐与国家发展统一起来，明确了个体自我修养、国家发展目标和社会建设理想之间的辩证关系。它是我国国民教育育人目标的本质规定，彰显了全面、自由、充分发展的整体教育格局。当前我国教育存在功利性、工具性和短期性的问题，许多领域轻视道德教育，只注重书本知识的灌输，因此，德育要以社会主义核心价值观教育为主线，贯穿教育目标、内容、教学和评价的各个方面。

具体融入学校教育的路径可以从两个方面展开，即内化于心和外化于行。内化于心指学生要对社会主义核心价值观有积极的理解和认同，而外化于行指学生在日常生活实践中积极践行核心价值观。为实现这一目标，学校应注重对学生社会主义核心价值观理念内涵的讲解，尊重学生心理发展水平和教育规律，通过多种形式使学生更具体、形象地理解核心价值观。同时，学校也应注重用实际行动诠释核心价值观，将理论学习与实际践行相结合。学校可以提供实践场地和活动，让学生在德育过程中将理论学习与实际行动相结合，实现辩证统一。[②]

对于存在只知不行、只行不知以及知行分离等问题，教育应采取相应的手段进行纠正。

价值观教育的对象是"学生"，其主要目的是获得学生个体的认同和践行。在学生社会主义核心价值观教育过程中，教育者需要紧密结合青少年儿童的时代特征，充分尊重并发扬学生的个性，尊重差异，使学生树立共产主义远大理想和中国特色社会主义共同理想，并达到知行合一的境界。

4. 以"大思政"指导下的课程思政为载体，强化意识形态保障

"课程思政"是一种新的教育理念，是新时期加强学校人才培养和思想政治

---

① 习近平. 决胜全面建成小康社会夺取新时代中国特色社会主义伟大胜利——在中国共产党第十九次全国代表大会上的报告[N]. 人民日报，2017 - 10 - 28.

② 王树荫，石亚玲. 当代青年践行社会主义核心价值观的科学指南[J]. 中国高等教育，2014(13 - 14).

教育的新要求、新举措、新方向。该理念强调将学校思想政治教育融入课程教学和改革的各个环节和各个方面,形成全课程育人格局,实现立德树人的目标。

在全国思想政治工作会议上,党中央提出了"思政课程"和"课程思政"相结合的要求。"思政课程"是指专门的思想政治理论课程,而"课程思政"则是指在其他课程中间接发挥思想政治教育作用。党中央强调,落实立德树人必须发挥思政课程不可替代的作用,使各类课程与思想政治理论课同向同行,形成协同效应①。

为了确保"课程思政"的有效实施,一方面要严格落实德育课程的地位,确保其规范开设不得减少课时或挪作他用;另一方面,要充分挖掘其他课程的思想内涵,将思想教育有机渗透到各科教学之中。

"课程思政"作为一种教育理念,为学校的人才培养和思想政治教育提出了新要求和新方向。它强调以立德树人为目标,全员、全程、全方位地进行育人,推进各类专业课程与思想政治理论课同向同行。在课程思政建设中,课程是基础、思政是根本、课堂是重点。

社会主义核心价值观是国家文化软实力的核心,也是全国人民共同价值追求的"最大公约数",也是中华民族优秀传统文化的精髓。而对于体育教育而言,它也是培育新时代青年学生的重要领域,是推进社会主义核心价值观教育的主渠道。因此,我们要将社会主义核心价值观教育融入体育教育,这可以从课程融入、竞赛引导、文化熏陶三个方面进行探索,而在对体育教育进行探索的过程中要注重体现社会主义核心价值观的内在逻辑和价值意蕴,创造实践路径,使体育教育与社会主义核心价值观教育相结合。

落实新时代立德树人工作,需要以党中央关于教育的重要政策为根本遵循,明确"立什么德""树什么人"的基本问题。立德树人的过程是一个不断发展与完善的过程,包括德育发展方针、德智体全面发展、德育为先方针和最终确立立德树人作为教育的根本任务等。

立德与树人是一个有机的整体,旨在培养能够担当民族复兴大任的时代新人和全面发展的社会主义建设者。社会主义核心价值观教育、中华优秀传统文

---

① 习近平在全国高校思想政治工作会议上强调：把思想政治工作贯穿教育教学全过程开创我国高等教育事业发展新局面[N]. 人民日报,2016-12-09.

化教育和公民道德教育等是立德树人的基础和要素。通过全员育人、全过程育人、全方位育人的"三全456"统筹模式,可以满足新时代推进立德树人工作的现实要求。

"课程思政"的实施需要明确主题,紧密围绕育人主线,避免"课程思政"的泛滥或过于泛化。首先,通过遴选、整理和选择适当的课程作为"课程思政"的试点,并制定"课程思政"的建设标准,突出其引领价值的功能。我们还需编制具体的课程教学指南,并进行效果评价。同时,我们应该挖掘其他课程的丰富思想政治教育资源,特别是要注意挖掘哲学社会科学课程的资源,逐步实现从"思政课程"的单一现形式转向"思政课程"与"课程思政"的相互结合。

首先,我们需要系统地构建相关课程的体系和设计。课程思政教育教学改革的顶层设计是建立以思政课为核心、综合素养课程为支撑、专业课程为辐射的三位一体思想政治教育课程体系。从实现的形式来看,课程思政并不是简单地将思政融入课程,也不仅仅增设一门课或创设一项活动,而是将思政渗透到学校教育的各个环节、各个领域中,对学生产生潜移默化的影响。从实现的过程来看,实施的主体不应局限于某个部门或某位老师,必须在机制上按照"党委统一领导、党政协同配合、行政组织落实"的思路进行。学校可以成立课程思政改革领导小组来负责具体推进。在课程建设方面,我们应该构建专门的优质思政课程,开设思政课的选修课程,推进评价方式的综合素质改革,构建课程思政育人的同心圆,才能实现"思政课程"与"课程思政"的长期稳定结合。

其次,我们需要在整个实践过程中贯穿核心价值观。以贯彻落实习近平新时代中国特色社会主义思想为核心使命,将社会主义核心价值观贯穿于各门课程建设的始终。一方面,要明确思政课的核心地位,推进思政课程的教学改革,优化课程设置,建设优质的思政课程。另一方面,结合本校的办学特色和专业优势,通过课题立项、协同攻关等方式,进一步挖掘和发挥各门课程的思想政治教育功能,充分开发思政教育的课程资源。

最后,我们需要制度化的保障和推进,其中包括教师培训与评价制度、课程设置管理制度、课堂教学管理制度、教学大纲和教案评价制度、教学过程管理制度等。首先,学校可以通过校本培训和研修的形式提升教师对学科育人的意识,提高教师的素质。其次,要将教师思想政治教育的实效纳入考核机制,对优秀教师进行激励和奖励支持。最后,学校需要建立一套标准化的操作规范,为教师提供可借鉴和可迁移的实践案例和操作指南。这些制度化的保障和推进措施将有助于推动课程思政的有效实施。

5. 以党工团与行政工作为支撑,建立育人体系实施保障

党支部是党的组织系统中的基本细胞,是一切工作的根本保证①。坚持党对教育工作的全面领导,是办好教育的根本保证,是健全立德树人落实机制的根本保证。我们要进一步加强中学党建工作,将党的政治建设置于首要位置,加强党的基层组织建设,牢牢坚持社会主义办学方向,将学校党建作为办学治校的基本任务。

首先,要充分发挥学校党委在立德树人中的核心领导作用。作为社会主义政治体制的一部分,学校最重要的特征是必须坚持中国共产党的领导,以马克思主义思想为指导。在学校的育人过程中,我们必须明确政治方向,发挥党委在学校立德树人工作中对重大问题的决策作用,通过统一思想、统一部署、统一行动的方式稳定政治方向。在确保政治方向正确的前提下,学校应合理部署育人方向,在学校制度理念、开展课堂教学和培养师资等方面推进育人教育,全面落实党的教育方针,明确学校办学理念的正确导向。

其次,各级教育行政部门应积极发挥在决策指导、资源保障和系统推进方面的统筹规划作用,确保决策能够真正得到落地和落实,与地区教育发展相一致,引领区域教育行政决策以实现目标导向。教育行政部门应协调各个要素之间的关系,确保资源配置得以保障和合理进行。同时,行政部门需要协调各个区域之间的合作,深入探讨问题,提出具体的落实要求,明确每个层面应采取何种举措,以德育为起点,统筹推进整个区域的教育发展。在资源保障方面,立德树人工作要求德育为先,注重全面发展,教育行政部门应与政府紧密合作,推动实施地区领导联系学校的制度,采取积极措施确保资源落实。在这一过程中,需要正确处理"德、智、体、美、劳"五育关系,为德育教学提供必要的支持和保障。教育行政部门领导需要从宏观层面进行组织,关注薄弱学校,平衡地区之间的资源分配,建立反馈机制,提高效能。同时,各教育行政部门之间的协作互

---

① 习近平. 决胜全面建成小康社会夺取新时代中国特色社会主义伟大胜利——在中国共产党第十九次全国代表大会上的报告[N]. 人民日报,2017 - 10 - 28.

助将促进多种资源的利用。在落实立德树人工作中,各部门应提高政治站位,自觉树立育人意识,通过有效的协同合作机制来应对重大事件、推动家庭教育、整合社会资源、优化社会育人环境以及组织地区重大活动等,充分发挥育人功能。

6. 以综合素质评价平台为依托,落实评价与反馈机制

要想借助评价平台落实评价与反馈机制,就要转变评价导向。第一,教育评价的目标应聚焦于以立德树人为核心的人才培养方向,在科学的目标导向下进行评价。第二,教育评价的内容应关注教育规律、教育成果和服务贡献的方向,注重学生全方面的发展,并尽可能全面地涵盖内容。第三,教育评价的方式应综合考虑定量和定性相结合、内部评价和外部评价相结合以及个体评价和群体评价相结合,具体的评价方式会有不同的的作用和实现方法。

从促进学生德智体美全面发展这一最终目标出发,以学生成长规律和教育教学规律为基础,提高学生的综合素质,转变地方政府对教育的政绩观、学校对教育质量的观念以及家长对学生成才的观念。我们需要积极推动每所学校的发展,关注每个学生的成长,将培养学生的社会责任感、创新精神和实践能力作为重点,促进学生全面发展同时保留个体特点。

7. 以"五育并举"为重点,体现人才培养的时代使命与责任担当

教育的根本问题是培养什么样的人,而要解决这个问题,首先需要明确为谁培养人的问题。在社会主义社会中,教育的目的是培养成为社会主义事业建设者和接班人的人才,因此必须坚持党对教育事业的全面领导,坚持社会主义办学方向,与党中央保持高度一致。此外,教育还要解决培养什么样的人的问题,即培养德智体美劳全面发展的人才,这与立德树人的根本追求是一致的,其中"德"指的是具备正确道德品质和理想信念,"人"指的是有道德、有文化、有纪律,实现德智体美劳全面发展的社会主义建设者和接班人。

为了落实立德树人的根本任务,培养社会主义建设者和接班人,需要努力构建德智体美劳全面培养的"五育"教育体系。关于"五育融合"的概念可以理解为,一是将其视为一种"育人假设";二是将其视为一种"育人实践",致力于通过融合贯通的方式实现育人的发展,着重于实践方式或落实方式,是对教育的整体性或完整性的倡导;三是将其视为一种"育人理念",融合的方式指向"融合

理念",旨在解决各育之间相互割裂、对立甚至相互矛盾的问题;四是将其视为一种"育人思维",从本质上讲,它是一种系统思维,包含了"有机关联式思维""整体融通式思维""综合渗透式思维"等;五是将其视为一种"育人挑战",融合的提出是较新的育人理念和实践,这也是对实现育人目的的一种挑战。

无论如何理解"五育融合"的概念,其根本的价值在于实现育人的目标。德智体美劳这五个方面构成了社会主义全面发展教育的完整体系。它们相互独立又相互依存。相互独立指的是"五育"各自有自己独特的目标和任务,德智体美劳分别对应以"求善""求真""健体""审美""劳动"为价值追求,代表人的全面发展的某个方面。相互依存指的是在人的全面发展这个整体下,"五育"相互渗透、相互促进,将人的知识、能力、思想、道德等融为一体,提升人的综合素质。

"五育融合"是一个阶段递进的过程,从"失衡"到"融通",再到"共生",最终实现"共美"的目标。它的逻辑在于回归教育的本质规律。因此,"五育"的终极目标是实现"美美与共"。虽然在学生培养体系中,德育、智育、美育、体育、劳育之间存在整体与部分的关系,但它们并不是简单相加形成整体,而需要通过有机的渗透与整合,产生 $1+1>2$ 的效果。"五育"在学生培养体系中的位置并无先后之分,应以平等的眼光等同看待。在新时代,通过特定的逻辑,从课程与教学的目标、内容、实施等方面,将教育要素有机地连结为一个整体,促进儿童德智体美劳全面、整体发展的过程。

习近平总书记在全国教育大会上提出,立德树人要在六个方面下功夫,包括坚定理想信念、厚植爱国主义情怀、加强品德修养和培养奋斗精神,这是对德育的要求。同时,增长见识是对智育的要求,综合素质是对五个方面的综合要求。可见道德在五育中具有重要的教育价值,但并不意味着德育在五育中处于首位,而是德育是五育教育的最终价值。

三、优化立德树人协同的路径

立德树人是实现中国梦的必然要求,立德树人的意义在于它是引领整个教育的最高目标,需要贯彻到各个学科的教育实践中。在进行立德树人的培养过程中,以儿童为中心,充分尊重儿童的心理和生理的发展水平,是贯彻落实立德树人的关键所在。以下两方面的体现尤为重要：第一，要遵循学生的形象思维特点，以学生的生活实际为出发点，选取直观形象、具体生动的教学内容。第二，要关爱学生，教育过程要以友好、热情和鼓励的方式对待学生，为学生营造轻松愉悦的学习环境。因为爱是作为全人类的情感，是人格发展的重要因素，通过爱来感染学生，才能让他们真正接受并认同价值观。

学校在落实立德树人落实机制的实施路径设计方面，首先应该坚持服务党和人民、服务国家和社会的建设①。这也同时回答了学校在"培养什么人、怎样培养人、为谁培养人"这一根本问题，明确了"德"的实践标准、把握住思想政治工作的核心内容②。这种主张符合发展的历史逻辑，既考虑了现实国情，也符合时代发展要求，与我国教育发展的趋势和现实情况相契合。其次，在理念上应该"以学生的全面发展和健康成长为中心"，将坚持以学生需求、学生价值、学生满意度等作为检验标准，并树立科学化理念和多元化方案。最后在方法上要坚持"因事而化、因时而进、因势而新"的原则。不要拘泥于理论教导和课本教学，要注重让学生在社会实践活动中自我体验。要牢牢把握德的机制内部运行逻辑，致力于创新工作实践的模式和载体，充分整合学校内外的资源，释放学校教育的活力和动力，提高吸引力与感染力。

精准思政是新时代学校在思想政治工作中运用精确思维的实践，它以立德树人为根本任务，利用现代信息技术如物联网、大数据、云计算等现代信息技术，对学生群体和个体的思想、心理、学习、生活等状况进行精准识别、精准分析、精准决策、精准预测、精准追踪，进而对学生进行精准教育、管理和服务，并对实施效果进行精准评估的教育实践活动，以实现精准育人的目的。精准思政推动了学校思想政治工作由"大水漫灌"向"精准滴灌"的转变，对于提升思想政治工作的时效性、针对性，增强其科学性和协同性具有重要意义③。

学生党史教育在建党百年的伟大历史时刻，对提升学生思想政治工作质量具有重要的时代意义。对学生而言，党史教育是最好的爱国主义教育、理想信

---

① 习近平在全国高校思想政治工作会议上强调：把思想政治工作贯穿教育教学全过程开创我国高等教育事业发展新局面[N]. 人民日报，2016-12-9.
② 张国祚. 深刻把握"四个服务"的科学内涵[N]. 光明日报，2017-6-30.
③ 周远. 精准思政：新时代高校思想政治工作的新理念与新模式[J]. 思想理论教育，2020(08)：100-105.

念教育,也是振奋民族精神的有效途径,还是防范历史虚无主义的有力举措。当前,开展学生党史教育应当遵循"学史明理、学史增信、学史崇德、学史力行"的基本要求,发挥思政课主渠道作用,构建课程思政体系,开展专题教育活动,开辟研学实践大课堂,并形成长效机制,将党史教育贯穿于学生思想政治工作全过程[①]。

立德树人是学校的根本任务。在有效落实这一根本任务的过程中,思想政治工作发挥着极其重要的作用。为了不断加强和改进高等学校思想政治工作,推动其因事而化、因时而进、因势而新,更好地服务于新时代人才培养,党的十八大以来,党中央提出了一系列新理念新要求,做出了一系列强有力的战略推动[②]。

党的教育方针是培养德智体美劳全面发展的社会主义建设者和接班人。在党的十九大提出的新时代发展要求下,强化教育引导,把培养担当民族复兴大任的时代新人作为着眼点。习近平总书记在 2016 年全国学校思想政治工作会议上进一步强调,要把立德树人作为中心环节,并明确提出教育要"为人民服务,为中国共产党治国理政服务,为巩固和发展中国特色社会主义制度服务,为改革开放和社会主义现代化建设服务"。"四个服务"的理念明确规定了学校立德树人的目标和指向,具有极强的现实针对性和长远战略性,意义重大,只有具备"四个服务"理念的学生,才能成为合格的社会主义建设者和可靠接班人。因此,培养具备"四个服务"理念的优秀人才,应加强马克思主义教育,坚持真理,批驳谬误,牢牢坚持党的领导[③]。

(一)课程育人:中小学一体化课程体系

全国教育大会强调立德树人融入教育教学各个环节和各个领域的重要性,在学科教学和教材的体系设计中,要围绕立德树人的目标进行设计,教师和学生都应以这个目标为导向,实现立德树人的目标。课程设计在课程实施中起着关键作用。在当前阶段,特别关注实施立德树人育人目标的时期,社会主义核

---

① 杨希燕.以党史教育促进学生思想政治工作质量有效提升[J].学校党建与思想教育,2021(12):20-23.
② 沈壮海.在思想政治工作体系中理解和推进课程思政[J].教育研究,2020,41(09):19-23.
③ 刘会强."四个服务":新时代高校立德树人的根本要求[J].思想理论教育导刊,2020(05):132-135.

心价值观应该成为课程设计的主线,贯穿目标、内容、过程、评价设计的任一环节,然而这种贯穿并不意味着消解各个学科的课程属性,也不是将所有课程都设计为思想政治课。相反,这意味着将社会主义核心价值观作为课程设计的方向和指引,将立德树人目标生动自然地融入课程设计,承担起将社会融入学校教育的责任与担当。只有这样才能充分体现社会主义核心价值观的价值和地位,使课程具有其独特的底色。

中小学课程在设计的过程中,需要确立一个一以贯之的课程理念,在该理念下的指导下选择和设计课程目标和内容 ,一个有效的方法是"将能够促进学生各项能力发展的主题或问题设为课程设计的核心内容"①,并围绕这个核心内容落实立德树人的思想。因此,要根据学校办学理念、办学特色等因素进行顶层设计是非常重要的,以德育为先的课程内容应得到全面贯彻,同时要清晰界定各课程之间的联系,统筹规划整体的课程体系,以发挥综合育人的优势。

第一,要根据国家对人才培养的要求,确立以德育为先的课程内容。学校应该总结学校办学理念,结合教育理论提炼出学校办学特色。在此基础上,学校还应明确培养目标,关注学生素养的培养。课程内容的选择可以从两个路径进行,一是挖掘其他学科课程中具有德育元素的内容,重点发挥语文、历史、思想政治等人文学科在德育方面的优势,同时在数学、自然学科的课程内容中有机地渗透价值观教育;二是开发专门的德育内容,通过一种系统化和整体化的方式来传授德育内容,将核心价值观和传统文化作为德育的主要内容。这样的设计将更好地体现立德树人的目标。

第二,要清晰界定学校课程之间的关系,优化课程结构,注重课程平衡性、多样性和层次性。为此,学校需要建立和谐统一的国家、地方、学校三级课程体系。首先,必须确保全面、齐全地开设国家课程,尤其不能忽视体育和美育课程,同时要加强对学生体育锻炼和审美教育的重视。此外,学校可以充分挖掘校内、校外和学生等课程资源,开设符合学校特色和培养目标的校本课程,满足中小学生个性化发展的需求;还应构建幼儿园、小学、初中和高中之间有序渐进的教育链条。个体的发展具有连续性、序列性和规律性,这要求学校根据学生

---

① 中共中央马克思恩格斯列宁斯大林著作编译局. 马克思恩格斯文集(第 9 卷)[M]. 北京:人民出版社,2009:556.

心理发展水平选择合适的教育手段和方法。因此,教育不能孤立的存在,必须将学生放置在他们成长发展的长河中,向上追溯,向下推进,才能实现个体的全面健康发展。

立德树人是一个系统的长期过程,在这个过程中,爱国主义教育不仅仅局限于某个年级或某个学段,而是贯穿幼儿园、小学、中学直至大学的整个教育过程,同时具有阶段性和连续性的特点。因此,学校必须落实立德树人的根本任务,积极推进大、中、小学德育的一体化。首先,明确各个学段的培养目标和定位,并以此为依据制定相互衔接的学业质量标准和综合素质评价体系。其次,推进大、中、小学课程内容的一体化,加强教材内容的上下衔接和横向联系。最后,协同推进教材编写、教学方法、评价方式等各个环节的改革,发挥综合育人的功能。

第三,要对课程内容进行整理,通过解构和重构,实现课程内容的深度融合。首先,在纵向上要确保学科课程之间的衔接,避免知识的断层。以学科核心素养目标为引导,避免课程内容的重复交叉。处理好学科间内容的横向整合,以主题来统合相关学科的课程内容。课程整合有多种模式,包括学科间的横向整合和学科内的纵向整合。然而,在实际学校实践中,重点应该放在学科内的纵向整合。由于缺乏大、中、小学一体化规划,学科内部存在内容模糊、交叉重复和衔接不当等问题。因此,教师应根据课程标准的要求,深入剖析学科核心理念,系统整理课程内容,精简和整合交叉重复内容,通过梳理主线来整理杂乱无序的内容,对缺失的内容进行扩展和补充,形成突出重点、有序排列的课程内容体系。在这个过程中,教师的专业素养将进一步提高和升华,有助于教师形成教学智慧和专业化。

课程是学校教育的核心组成部分。因此,在实现立德树人根本目标方面,必须深刻认识和把握课程的核心地位,充分发挥大、中、小学课程一体化的独特作用。事实上,如何最大限度地发挥课程的育人价值,一直是教育理论研究者和实践工作者在探索的问题。因此,如何将立德树人任务融入课程与教学将成为一个更加重要的课题。

(二)文化育人:学校德育文化传承与创新

在学校中实施道德教育不应只停留在口号的空谈,而是需要依靠一定的实践载体。教育作为一种文化存在,在实现文化的传承与发展中具有重要功能。文化既是教育的内容,也受到特定时代背景下的文化内涵的影响,从而推动教育的变革与发展。因此,为了实现育人目的,我们应将优秀和先进的文化作为学生课程学习的一部分,让他们在课堂中提前学习一定的文化知识,了解文化中的习惯和习俗。通过文化的传承来培养他们的道德品质。这不仅可以构建教育与文化之间的桥梁,也有助于实现学校立德树人的目标。学校作为文化传播的场所,本身就具有重要的文化意义,对于道德教育具有举足轻重的积极意义。为了在学校中落实和实施立德树人的任务,我们需要在传承和创新学校文化的基础上进行相关的实践。

首先,我们需要进行校园文化建设。学校的文化对个体的影响是潜在且间接的,它是学校精神整体展示的体现,通过建设学校的文化,可以向师生传达学校的理念,同时在社会上形成一种文化的传播。学校特色的校园文化是发挥学校育人价值的重要组成部分,也是社会主义核心价值观融入学校的重要承载体,因此,它成为优质学校进行校园建设的重要任务。校园文化建设需要从以下两个方面进行着力:一是学校的物质文化建设。我们可以通过具体的物质形式展现文化,例如,在学校的宣传栏中展示社会主义核心价值观,在图书馆中摆放一些适合学生学习的书籍,利用实物帮助学生在生活中无意识地获得教育。二是学校的精神文化建设,通过含蓄而间接地传递价值观念,例如通过榜样的示范引导学生以身作则,通过开展讲座等活动让学生通过亲身体验感受到社会主义核心价值观的核心内涵和精神力量,从根本上提升个体的价值认同。总的来说,在校园文化建设中,我们要注重社会主义核心价值观的融入,这不仅是实现立德树人根本任务的必然要求,也是学校特色发展的内在诉求。

其次,教学文化的构建是至关重要的。在学校教育中,实现任何目标都是需要通过教学来实现的。教学不仅是贯彻教育理念的具体手段,也是实现教育宗旨的重要支撑。教学文化建构的动力是教学文化的特色性,以及师生对该文化的认同度以及教学文化对教学实践的意义。一般而言,有效的教学总是伴随着系统化的教学文化。这种文化并非固定不变,而是随着实践的发展不断创新,最终形成一种制度文化,为教学的持续良性发展提供制度保障、文化氛围和载体支撑。社会主义核心价值观是一种价值理念,学生接受这种理念需要经历认识、理解和认同的过程,而教学是实现这种转变的直接形式。在教学中,可以有计划地向学生传授知识和技能,并将社会主义核心价值观渗透到教学的方方面面,使学生的思想政治素质和道德品质符合社会要求。因此,在教学过程中,社会主义核心价值观不仅为教学指明了育人方向,同时也为教学育德提出了新的要求。学校需要形成一种具有社会主义核心价值观精神和魂魄的教学文化,而这种教学文化的形成并非追求短期礼仪,而是从长远出发,最终确定为制度文化,对持续的、常态化的教学起到引领和规范作用,这是将社会主义核心价值观融入教学的必然要求。

最后,学校还需营造隐性文化。社会主义核心价值观的教育应该从学生入学的第一天开始,将其融入课程和教学中,使学生认同和接受这种价值观成为最终目标。学校是一个文化的场域,其中包括显性文化如课程、教学、实践活动和教师等方面的影响,同时也受到隐性文化的熏陶。每个学校中的个体都会在隐性文化的影响下潜移默化地接受其浸润。与显性文化相比,隐性文化以内在的形式,渗透学生的思想、精神方面,更具有陶冶人心的功能,悄无声息地影响学生的价值观念。社会主义核心价值观并非仅仅作为某个知识点传授给学生,更重要的是通过文化的形式陶冶学生的内心,使学生对文化的认同是主动的、发自内心的。只有学生对文化产生认同感,才能主动践行其中的价值观念。因此,对于社会主义核心价值观融入学校教育来说,营造学校的隐性文化具有不可替代的意义。通过挖掘学校环境、人际关系等隐性文化的潜力,使其与社会主义核心价值观相吻合,让整个校园充满社会主义核心价值观的氛围。总而言之,在学校的场域中,营造学校的隐性文化是加强师生对社会主义核心价值观的认同感的重要手段。

(三)活动育人:主体性德育活动体系

随着我国社会主义进入新时代,不断深化改革开放,经济发展步伐加快,学生对高品质、有内涵的精神文化活动的需求越来越迫切。学校必须通过合作为学生提供高质量、实时、有效的课程内容,以满足学生发展的需要。在实现"需求侧"和"供给侧"协同联动方面,首先要站在学生的立场去理解学生的兴趣点,将社会中的热点问题、现实问题作为活动素材,以提高学生解决问题的能力。

其次,要关注学生的生活和学习,了解学生的需求,提高供给能力,准确地满足学生发展的需求。

在中学立德树人落实机制的主体性德育活动设计层面,可以以实践活动和校园文化活动为例进行分析,并从活动的形式与方法方面进行考量。

校园文化活动是学校校园文化建设的重要手段,也是学校立德树人的重要载体。通过丰富的、积极的科学技术和文化娱乐活动,学校可以实现德智体美劳在活动中的结合,通过活动的方式促进教育的发展。这些活动可以在思想、科学技术、文化娱乐、公益爱心等领域,吸引学生的兴趣,在活动中学习,在学习中活动,在学习与活动中成长,同时也对学科课程起到补充与拓展的作用。

学校可以充分发挥道德讲堂、传统文化研习基地、国学研究与实践中心、文化素质教育基地等的作用,帮助具有传统文化意蕴的社团发展,并与当地的各级各类博物馆、文化馆、纪念馆等开展合作,邀请专家学者和学生近距离接触。同时,组织学生在学校中开展朗诵诗文、祭拜孔子等具有传统文化的活动,以多种形式共同培养学生。

此外,不同学校之间可以实现共建共享、联动发展,进行协同创新。每所学校要基于自身的办学传统和现实背景打造自己的办学特色,而不追求统一性。学校与学校之间可以开展合作共享,建设区域性学校文化。

在活动的形式与方法方面,应坚持以学习为中心,调整教与学、师与生的关系。首先,要提供转换的情境,通过举办具体的校园文化活动,教师和学生可以针对学生的行为表现进行交流,探讨哪些因素会影响学生知行的转换,以及面对相同问题时,学生如何能够做出更合理的价值判断和选择,从而产生规范的行为。

其次,在课堂文化氛围上,应通过轻松的环境使学生在快乐中学习,形成教师与学生、学生与学生之间的多向交流。教师应营造和谐宽容的课堂环境,尊重每个学生进行交流的权利,鼓励学生表达自己,改善教学方式,引导学生理解和运用知识。同时,要将更多的自主学习时间还给学生,帮助他们在课堂教学活动中深入理解知识经验的意义和实际用途。在活动中,孩子的收获是基于个体自身经验的积累过程,体现在对政治的认识和所具备的政治能力,以及对道德精神的追求和道德行为的自觉性。

（四）实践育人：依托团队学生工作体系开展综合实践

《关于加强中小学校党的建设工作的意见》中提出要充分发挥中小学校党组织政治核心作用，党的十九大报告中首次提出"要把政治建设摆在首位"。中央批准的共青团、少先队改革方案中规定，团队工作要"落实立德树人根本任务"，构建富有学校特色的实践育人模式，呼应培养"德智体美劳"全面发展的社会主义建设者和接班人的任务，提出"五育并举"的一体化育人样态。党总支牵头制定方案，打造高素质专业化创新型的实践导师队伍，推进育人方式的转变。党总支将共青团、少先队建设和学生德育综合实践工作纳入党建工作总体部署，全面贯彻党的教育方针，坚持党组织对教育的全面领导，把党组织建设成为落实立德树人根本任务、办好人民满意教育的战斗堡垒。

其中，实践活动被认为是人发展的根本方式，是道德能够内化于心、外化于行的关键所在。为此，学校应积极开展多种校内教育活动，确保活动主题明确、内容新颖、形式丰富。同时，实践活动不限于校内，还要引导学生将社会作为教育场所，广泛参与实践活动，了解社会的热点问题，并运用所学知识解决现实实际存在的问题，从而增强学生的社会责任感。

综合实践活动应与课程紧密结合，例如通过研学课程，采用多种活动形式使参观旅行成为学生发挥主体性特点、主动学习和获取经验的课程。这样一来，学生的体验场域便转化为德育场域，能够进一步培养学生的自主自立意识和能力、培养团队合作意识以及顽强拼搏、艰苦奋斗的精神。此外，还可以与思想政治课程相结合，进行社会公益活动、社区深度体验和公益服务；与校外教育基地结合，进行各类主题实践活动，例如农业劳作、职业体验和社区实习等活动形式，不仅关注劳动技能的学习，还要树立热爱劳动、辛勤劳动和诚实劳动的劳动价值观，引导学生树立勤劳、奉献和勤俭等劳动精神；动员学生参与家务劳动、生产劳动，通过社群模拟、志愿服务等形式，引导学生将个人经历与社会服务结合起来，既满足自身成长需求，也服务社会，树立起社会责任担当的意识。

综合实践活动要从整体组织设计上将为学生发展服务的理念渗透于各个环节。学校各系统、部门需要加强合作、互联互通，协同育人。建立以人为本的民主科学的管理体制，弘扬民主精神，让学生积极参与实践。同时，要强化实践育人的责任意识,建立全员育人的岗位责任制度,提高实践育人的工作效果和辐射效应。

(五)管理育人:综合素质评价体系

以立德树人为核心的人才培养聚焦"德智体美劳"五个方面,关注学生"五育"的全面发展,需要从以下五个方面进行思考和评价。

一是德育评价:加强对培养人才的理想信念、爱国主义、核心价值观等方面的考察。学校应建立对立德树人的结果性评价方案,采用教师反馈、问卷调查、学生自评、档案袋等多种形式进行主观和客观的分析。同时,要对学生思想政治情况进行追踪评估,通过回访和问卷调查等途径检验德育效果。

二是智育评价:评价学生的知识技能、创新能力、批判精神以及取得的成果。重点关注学生的元认知能力、创新能力、合作探究能力、问题解决能力以及自立自理能力等方面。智育评价不仅仅依赖于传统的考试形式,还要关注综合素质的培养和表现。

三是体育评价:加强对学生的健康教育意识、体质增强、人格健全以及意志坚毅的评价。在课程教授过程中和课程结束后对学生进行评价,并使用标准化的指标进行衡量。通过具体实例展示体育效果,对学生在校期间及升学后的身体健康状况进行追踪评估。此外,在某些学科领域,还可以评估学生的体育贡献度。

四是美育评价:关注审美素养养成和综合素质的提升情况。评价的重点在于学生对美育素养获得情况,可以根据学生对课程的态度对美育课程进行评价,并通过学生课程前后的成就对比来检验课程实施的效果;在评价过程中要实时监测学生课程后的成效,美育评价更加注重校内的评价。

五是劳动教育评价:考察学生的劳动行为、劳动观念、劳动精神和劳动能力等劳动素养,关注学生的社会劳动实践经历和创造性劳动成果等,通过在校生和毕业生问卷调查等方式,以及培养过程的监测和具体实例呈现来评估劳动教育的成效。

德育、智育、体育、美育以及劳动教育这五个方面并不是孤立的,它们在人才培养中共同发挥作用。一方面,人的发展的客观规律决定了这五个方面之间存在内在联系。另一方面,这五个方面之间存在多种组合关系,任何两个或三个方面的组合都可以实现整体大于部分相加的效果。然而,这五个方面的地位并不是平等的。在人才培养中,"德"起着统领地位的作用,贯穿和联系着智育、体育、美育和劳动教育,而智育、体育、美育和劳动教育是培养完整人格的基本素养。

此外,从课程的角度来看,课程评价可以考察课程设计与实施对目标的实现程度,并为课程改进和完善提供反馈。为了充分发挥评价的价值,我们可以采取以下具体措施:首先,评价课程目标与社会主义核心价值观内涵的符合程度,确保社会主义核心价值观对课程目标的引领作用;其次,评价课程实施与课程目标的一致性,确保课程实施的有效性;最后,评价课程本身的信效度,考察课程评价的效用。通过掌握这些评价标准,可以确保社会主义核心价值观贯穿于课程实践的良性运行。

在设置课程目标时,应要根据学生的实际情况合理设定目标,使目标既能反映学生知识的掌握程度,又能反馈学生技能的提升程度。目标的表达应清晰明确,能够通过量化或可视的外显行为进行表达,以便在评价过程中更好地反映目标的达成程度;还可以通过激励机制来关注教育者和受教育者的需求,建立科学而有效的激励机制,充分调动教育者和学生的积极性和主动性。

(六)协同育人:多要素协同育人体系

立德树人是需要学校内部的多部门、多主体和多领域的参与,在相互协调和资源整合的基础上成为一个系统工程。它需要打破学校与社会、学校与家庭之间的藩篱,将课堂教学与真实的生活环境相融合,将真实问题变成课堂教学的素材。

2010 年,《国家中长期教育改革和发展规划纲要(2010—2020 年)》提出:"树立系统培养观念,推进大中小学有机衔接,教学、科研、实践紧密结合,学校、家庭、社会密切配合,加强学校之间、校企之间、学校与科研机构之间合作以及中外合作等多种联合培养方式,形成体系开放、机制灵活、渠道互通、选择多样的人才培养体制。"

2018 年,在全国教育大会上,习近平总书记指出"办好教育事业,家庭、学校、政府、社会都有责任"。可见,实现立德树人的根本任务并不是学校单打独斗的,而是需要各个部门、主体以及社会与学校之间进行全程、全域的协同育人。

为了合理整合和构建立德树人的外部协同育人机制,需要综合各种教育利益主体的需求和诉求,以及不同类型和层次的教育体制机制特殊要求,将它们转化为相对整合统一的价值追求和实践轨道。在这个过程中,必须倡导立德树人的社会参与,吸收社会各种力量以多种途径和方式积极参与,真正构建学校、家庭和社会之间相互协调的共同育人机制,使立德树人的系统内外机制发挥整体育人功能。具体来说有以下两点。

第一,需要优化家校关系和合作机制。教育是一种有目的的持续培养过程。学生在学校里接受系统的有目的的教育,这种教育在学生成长过程中占据了大半的时间,起着主要作用,然而,学校教育只是其中的一部分,家庭和社会在学生成长过程中的辅助教育也非常重要。因此,在实现立德树人的过程中,家庭教育不可或缺。通过优化家校关系和建立双方的合作机制,可以切实发挥家庭教育在育人中的重要功能。

家庭教育包括生命教育、文明礼仪教养、感恩教育等方面的教育。家庭是孩子教育的首要场所,家长在情感和认识之间的联系以及价值观和准则的传授中扮演着重要角色。所以家长和教师之间需要有有效的交流和沟通,以促进儿童的全面协调发展,对此建立家校沟通合作机制是至关重要的,必须在基于平等信任的基础上进行,确保教师与家长之间真正发生对话,从而实现家校合作的顺利实现。

第二,构建政府主导、多方参与的社会共同育人格局:各级党委应加强领导和指导,形成党委统一领导、各部门各方面齐抓共管的工作格局。为构建社会共同育人格局,学校可以采取以下措施。

(1)共建协同育人基地(平台):发挥基地(平台)的引导和聚集作用,充分利用各类现有资源和条件,广泛吸纳社会多方面的支持和投入参与,并突破学校内部以及与外部的机制壁垒。通过协调资源,加强合作,形成育人合力。

(2)拓宽社会力量参与立德树人的渠道:鼓励社会力量进入教育领域,开放社会组织参与立德树人的渠道。同时,对参与各种形式人才培养的社会力量进行监督和管理,确保他们遵守法律法规。例如,可以探索校企校地合作新方式,完善多样化及多层次(个人、企业、机构等)的社会捐赠激励与合作方式,广泛吸纳来自慈善机构、社会团体和民营企业等各种社会力量捐赠的资金;可以吸引民间教育机构的有效参与,制定鼓励和扶持政策,并完善政府的统筹协调和监管机制;同时,还需要加强和完善"社会监督与约束"体系,在将立德树人系统的各个要素统筹组织起来,形成育人合力的同时,保障个体发展的权利,并规范个人行为,形成有效的社会道德约束力。

当前,在全媒体时代,学校还需要探索建设彰显主流价值观、主导学生健康成长的新型全媒体育人生态系统。学校应该利用"互联网＋"思维提升育人成效。在"正能量是总要求,管得住是硬道理,用得好是真本事"的总体思路下,推动德育工作传统优势与信息技术的高度融合,构建全媒体育人生态系统,以更好地适应当今社会的发展和学生的需求。

首先,学校可以通过贯通传播平台,充分挖掘矩阵聚合的育人效应,来推动校园传播的发展,具体可以从以下几方面着手。

(1)建设打造校园中枢智慧系统,以适应新时代的新特征和新使命。我们将深化传统媒体改革,展示学校立德树人的生动案例,并以讲故事、接地气的方式讲述新时代党和国家的发展故事,既确保故事具有权威性和导向性,又能吸引受众的兴趣。

(2)组建协同传播的校园媒体矩阵,充分发挥全媒体的实时传播和无缝衔接特点,把网络新媒体融入学生生活的微时间或"碎片化"时间,使其充分发挥以文化人的功能。

(3)尝试开发校园育人云系统,通过组织辅导员和学生社团建立各种在线交流平台,如 QQ 群、微信群、网络社区等。这将推动媒体融合发展,构建课内与课外、校内和校外、入学前到毕业后的网络育人互动空间,打造教育模式的"资源通融、内容兼融、宣传互融、利益共融"。

其次,学校可以优化内容供给,扩大主流价值的影响力。一方面,根据学校的办学特色和社会当前热点,不断创制和发布质量高、受众群体广的校园风格主题作品。从学生生活世界中获取素材,提供新鲜而有趣的内容,全程关注学生成长指导,使网络虚拟世界与学生现实生活相互融合,线上线下无缝连接。

另一方面,运用传统美德故事、历史英雄人物、古代优秀文化等优秀素材,深入浅出地滋养学生的成长,提升主题教育的吸引力和生命力,让学生在参与中达成认同和共鸣。

最后,建立社会化媒体传播与引导机制,以保证德智体美劳五育的一体化;搭建完整的课程体系,结合教育目标、内容、途径、方法与评价等要素,实现知识目标到评价指标之间的贯通。这样,学校将形成一个良性的循环体系,在加强社会化管理和引导的同时,努力改变移动互联网生态环境的"无序"状态,使全媒体生态更加有序清朗,并促使主流价值观回归。

参 考 文 献

一、著作类

[1] 马克思恩格斯文集(第1—10卷)[M].北京:人民出版社,2009.

[2] 马克思恩格斯选集(第1—4卷)[M].北京:人民出版社,1995.

[3] 马克思.1844年经济学哲学手稿[M].北京:人民出版社,2000.

[4] 列宁全集(第1卷)[M].北京:人民出版社,1984.

[5] 列宁全集(第55卷)[M].北京:人民出版社,1990.

[6] 马克思恩格斯列宁斯大林论教育[M].北京:人民教育出版社,1977.

[7] 毛泽东文集(第2、7卷)[M].北京:人民出版社,1999.

[8] 邓小平文选(第2、3卷)[M].北京:人民出版社,1994.

[9] 江泽民文选(第2卷)[M].北京:人民出版社,2006.

[10] 胡锦涛文选(第三卷)[M].北京:人民出版社,2016.

[11] 习近平著作选读(第一卷)[M].北京:人民出版社,2023.

[12] 习近平著作选读(第二卷)[M].北京:人民出版社,2023.

[13] 习近平总书记系列重要讲话读本[M].北京:学习出版社,人民出版社,2014.

[14] 中共中央宣传部.毛泽东邓小平江泽民论思想政治工作[M].北京:学习出版社,2000.

[15] 毛泽东年谱(1949—1976)(第3卷)[M].北京:中央文献出版社,2013.

[16] 建国以来重要文献选编(1—2册)[M].北京:中央文献出版社,1992.

[17] 十二大以来重要文献选编(下)[M].北京:人民出版社,1988.

[18] 十三大以来重要文献选编[M].北京:人民出版社,1993.

[19] 十四大以来重要文献选编(上)[M].北京:人民出版社,1996.

[20] 十五大以来重要文献选编(下)[M].北京:人民出版社,2003.

[21] 十六大以来重要文献选编[M].北京:人民出版社,2006.

[22] 十七大以来重要文献选编(中)[M].北京:中央文献出版社,2011.

[23] 十八大以来重要文献选编(上中下)[M].北京:中央文献出版社,2014.

[24] 党的十八大报告单行本[M].北京:人民出版社,2012.

[25] 党的十九大报告单行本[M].北京:人民出版社,2017.

[26] 党的二十大报告单行本[M].北京:人民出版社,2022.

[27] 李建平.大学开放天地新[M].北京:社会科学文献出版社,2013.

[28] 郑传芳.中国特色社会主义理论与实践研究[M].北京:中国农业出版社,2010.

[29] 苏振芳.道德教育论[M].北京:社会科学文献出版社,2006.

[30] 何贻纶,陈永森,俞歌春.思想政治理论课改革与教学[M].北京:社会科学文献出版社,2008.

[31] 杨建义.大学生思想政治教育路径研究[M].北京:社会科学文献出版社,2009.

[32] 郑又贤.马克思主义哲学新探[M].北京:社会科学文献出版社,2008.

[33] 杨立英.网络思想政治教育论[M].北京:人民出版社,2003.

[34] 吴宏洛.中国就业问题研究[M].福州:福建教育出版社,2001.

[35] 袁贵仁.马克思人学理论研究[M].北京:北京师范大学出版社,2017.

[36] 袁贵仁.马克思的人学思想[M].北京:北京师范大学出版社,1996.

[37] 袁贵仁,韩庆祥.论人的全面发展[M].北京:人民出版社,2003.

[38] 陈秉公.思想政治教育学原理[M].北京:高等教育出版社,2006.

[39] 陈万柏,张耀灿.思想政治教育学原理[M].第三版.北京:高等教育出版社,2015.

[40] 张耀灿,郑永廷,等.现代思想政治教育学[M].北京:人民出版社,2006.

[41] 张耀灿.思想政治教育学前沿[M].北京:人民出版社,2006.

[42] 邱伟光,张耀灿.思想政治教育学原理[M].北京:高等教育出版社,1999.

[43] 陈万柏,张耀灿.思想政治教育学原理[M].第三版.北京:高等教育出版

社,2015.

［44］冯建军.生命与教育[M].北京:教育科学出版社,2006.

［45］蒋笃运.德育系统论[M].郑州:郑州大学出版社,2007.

［46］陈万柏.思想政治教育载体论[M].武汉:湖北人民出版社,2003.

［47］范树成.德育过程论[M].北京:中国社会科学出版社,2004.

［48］侯勇.社会视野中的思想政治教育系统研究[M].北京:人民出版社,2016.

［49］张剑.立德树人[M].北京:教育科学出版社,2014.

［50］[德]斐迪南·滕尼斯.共同体与社会:纯粹社会学的基本概念[M].林荣远,译.北京:北京大学出版社,2010.

［51］[法]布迪厄.再生产———一种教育系统理论的要点[M].邢克超,译.北京:商务印书馆,2002.

［51］[美]约翰·杜威.道德教育理论[M].蒋之一,译.杭州:浙江教育出版社,2003.

［52］[德]卡尔·雅斯贝尔斯.什么是教育[M].邹进,译.北京:生活·读书·新知三联书店,1991.

［53］[德]博尔诺夫.教育人类学[M].李其龙,译.上海:华东师范大学出版社,1999.

二、期刊类

［1］习近平.加快推动媒体融合发展 构建全媒体传播格局[J].求是,2019(6).

［2］靳诺.立德树人:高等教育的根本任务和时代使命[J].中国高等教育,2017(18).

［3］冯刚.改革开放 40 年来高校思想政治教育发展的经验与展望[J].中国高等教育,2018(Z2).

［4］刘书林,高永.思想政治教育的对象及其主客体关系[J].思想理论教育导刊,2013(1).

［5］陈永森."控制自然"还是"顺应自然":评生态马克思主义对马克思自然观的理解[J].马克思主义与现实,2017(1).

［6］陈志勇.网络新媒体视域下以文化人在社会主义核心价值观宣传教育体系

中的应用研究[J].思想教育研究,2015(12).

[7] 杨立英.中国共产党意识形态"高势位"建设的成功经验与当代挑战[J].马克思主义与现实,2011(3).

[8] 蔡华杰.当代大学生应培养正确的自由观[J].江南大学学报(人文社会科学版),2006(3).

[9] 韩丽颖.立德树人:生成逻辑·精神实质·实践进路[J].东北师大学报(哲学社会科学版),2016(6).

[10] 陈秉公.学习习近平关于教育的重要论述 探索高校立德树人创新体系[J].思想教育研究,2018(10).

[11] 陈淑丽,罗洪铁.思想政治教育机制及相关概念辨析[J].思想理论教育导刊,2012(2).

[12] 周如东,李淑娜.立德树人运行机制的理论研究与建构[J].黑龙江高教研究,2014(2).

[13] 李卫红.抓住根本立德树人切实把高校辅导员队伍建设提高到一个新的水平[J].思想教育研究,2007(10).

[14] 浩歌.将核心价值体系融入立德树人全过程[J].中国高等教育,2007(9).

[15] 朱益飞.大学生思想政治教育共同体的育人模式探究[J].学校党建与思想教育,2016(3).

[16] 孙雪峰.立德树人教育根本任务研究述评[J].吉林省教育学院学报,2013(9).

[17] 石中英.教育中的民主概念——一种批判性考察[J].北京大学教育评论,2009(10).

[18] 徐岩.《德意志意识形态》中现实的个人的深层透视及其现实意义[J].新余高专学报,2005(1).

[19] 姚顺良.论马克思关于人的需要的理论——兼论马克思同弗洛伊德和马斯洛的关系[J].东南学术,2008(2).

[20] 尤玉军.论中国共产党人关于立德树人思想的历史演进[J].新疆大学学报(哲学人文社会科学版),2015(1).

[21] 张俊,邓会君,李辉源.从互联网看大学生对主流意识形态的认同现状[J].

红旗文稿,2016(22).

[22] 高德毅,宗爱东.课程思政:有效发挥课堂育人主渠道作用的必然选择[J].思想理论教育导刊,2017(1).

[23] 任欢欢.主体间性:师生共同体发展的内在逻辑[J].中国教育学刊,2016(12).

[24] 佘双好.思想政治教育学科发展的问题与走向[J].思想教育研究,2014(1).

[25] 陈作珊,许国峰.浅论思想政治教育过程基本规律[J].人大复印资料·思想政治教育,1993(5).

[26] 陈锡喜.高校哲学社会科学类课程与思想政治"同向同行"的必要性和可行路径[J].马克思主义理论学科研究,2017(1).

[27] 冯培.审时度势借式化事 提升思想政治教育的针对性与亲和力[J].思想理论教育导刊,2017(1).

[28] 教育部关心下一代工作委员会《新时期家庭教育的特点、理念、方法研究》课题组. 我国家庭教育的现状、问题和政策建议[J].人民教育,2012(1).

[29] 白海霞."网络育人"价值生成机制建构[J].人民论坛,2016(23).

[30] 陈卓,刘和忠.思想政治教育接受过程规律研究[J].东岳论丛,2010(7).

[31] 刘占虎.思想政治教育教学相长的边界自觉与协同思维——超越"主客体"与"双主体"之争[J].湖北社会科学,2016(9).

[32] 冯建军.从主体间性、他者性到公共性——兼论教育中的主体间关系[J].南京社会科学,2016(9).

[33] 吴林龙,王立仁.思想政治教育过程具体矛盾体系新解[J].思想政治教育研究,2011(4).

[34] 范国睿,孙闻泽.改革开放 40 年教育体制机制改革的历史与逻辑分析[J].教育研究,2018(7).

[35] 赵国营,张荣华.论马克思主义中的系统思想[J].广西社会科学,2017(1).

[36] 魏宏森,曾国屏.系统论的基本规律[J].自然辩证法研究,1995(4).

[37] 叶立国.哲学思想:系统科学形成的形而上学基础[J].系统科学学报,2012(2).

［38］史春琳.马克思主义哲学与系统论的关联性研究［J］.人民论坛,2014(2).

［39］唐爱军.马克思劳动观及其现实意义［J］.毛泽东邓小平理论研究,2014(4).

［40］董学文.论马克思主义美育观的本质和特征［J］.廊坊师范学院学报(社会科学版),2014(5).

［41］刘书林,高永.思想政治教育的对象及其主客体关系［J］.思想理论教育导刊,2013(1).

［42］刘建军.论思想政治教育的主渠道与微循环［J］.思想理论教育,2014(9).

［43］杨振明.试论企业思想政治工作载体［J］.求实,1993(6).

［44］郭一鸣.刍议平台型媒体的发展历程及运营模式［J］.记者摇篮,2017(8).

［45］王炳林,张润枝.关于思想政治理论课与日常思想政治教育相结合的思考［J］.思想理论教育导刊,2009(5).

［46］叶澜.社会教育力:概念、现状与未来指向［J］.课程.教材.教法,2016(10).

［47］刘建军.习近平对凝聚共识的全面论述［J］.思想理论教育导刊,2018(9).

［48］蔡毅强.从教师期望到师生和谐共振——论高校师生心理契约的达成［J］.福建农林大学学报(哲学社会科学版),2011(1).

［49］张澍军,苏醒.论"立德树人"根本任务与思想政治教育学科建设使命［J］.思想教育研究,2013(7).

［50］闫旭蕾.道德与教育关系新探［J］.教育理论与实践,2016(34).

［51］蔡毅强.论在立德树人中培养为实现中国梦的"追梦人才"［J］.闽南师范大学学报(哲学社会科学版),2015(3).

［52］叶飞霞.大学生思想政治教育方式方法创新的四维视角［J］.福建农林大学学报(哲学社会科学版),2011(1).

［53］王晓奕.通过话题调控优化教学语境［J］.基础教育参考,2017(2).

［54］罗映光.重视根本问题围绕中心环节坚持全员全程全方位立德树人［J］.思想理论教育导刊,2017(1).

［55］王宪平.研究生教育与本科生教育之间衔接问题初探［J］.学位与研究生教育,2000(6).

［56］张磊,钱振东,等.研究型大学本科——研究生教育衔接模式探索［J］.东南

大学学报(哲学社会科学版),2013(4).

[57] 陈娟,王立仁.思想政治教育获得感的生成及其提升研究[J].思想政治教育研究,2018(4):73.

[58] 屈陆,戴钢书.思想政治教育认知形成的基本规律[J].思想教育研究,2017(1).

[59] 王亚鹏,董奇.基于脑的教育:神经科学研究对教育的启示[J].教育研究,2010(11).

[60] 何军峰.试论纪念活动与大学生思想政治教育的关系[J].思想教育研究,2012(6).

[61] 卢岚.论思想政治教育变革的空间转向[J].思想教育研究,2017(3).

[62] 邹艳辉.论高校立德树人内外机制的构建[J].南京航空航天大学学报(社会科学版),2018(2).

[63] 邱仁富."课程思政"与"思政课程"同向同行的理论阐释[J].思想教育研究,2018(4).

[64] 宋剑,李国兴.智育是高校思政课不可或缺的教学价值[J].辽宁教育行政学院学报,2011(6).

[65] 高德毅,宗爱东.从思政课程到课程思政:从战略高度构建高校思想政治教育课程体系[J].中国高等教育,2017(1).

[66] 谭晓爽.课程思政的价值内涵与实践路径探析[J].思想政治工作研究,2018(4).

[67] 张东刚.构建具有中国特色的哲学社会科学学科体系、学术体系、话语体系[J].文化软实力,2016(2).

[68] 李世黎,徐春艳.新媒体新技术与高校思想政治理论课融合的现状与展望[J].思想理论教育导刊,2018(8).

[69] 杨增崇,曾长秋,赵晓娜.思想政治教育的社会性参与引论[J].思想政治工作,2007(3).

[70] 卜玉华.我国当代社会发展的教育责任[J].探索与争鸣,2014(5).

[71] 宇文利,杨席宇.马克思恩格斯"人与环境"关系论及其思想政治教育应用[J].思想教育研究,2016(5).

[72] 王敏婕.社会分层在家校合作中的表现及其影响的[J].外国中小学教育，2005(1).

[72] 张应强.关于中国特色现代大学制度的理论认识[J].教育研究,2013(11).

[73] 杨青莉.个体发展与社会调控之间的契合与完善[J].人民论坛,2014(11).

[74] 匡文波.关于新媒体核心概念的厘清[J].新闻爱好者,2012(19).

[75] 彭兰.社会化媒体：媒介融合的深层影响力量[J].江淮论坛,2015(1).

[76] 雷跃捷,李智.发挥好网络意见领袖的社会政治作用[J].人民论坛,2016(5).

[77] 秦琼.内涵、逻辑、生态：作为一个场域的"社交媒体"[J].新闻世界,2018(10).

[78] 祝华新."两个舆论场"的由来和融通之道[J].南方传媒研究,2012(38).

[79] 朱敏,曹杰.基于"互联网＋"新媒体育人创新研究[J].中国高等教育,2017(02).

[80] 梁平.课程思政"立德树人"四层级目标论[J].河南师范大学学报(哲学社会科学版),2023(04).

[81] 吴复爱.立德树人视域下课程思政建设路径探索——评《课程思政：从理念到实践》[J].科技管理研究,2023(10).

[82] 陈亮.默会知识观视域下立德树人的逻辑架构与高质量培育路径[J].南京社会科学,2023(05).

[83] 王莉莉.基于立德树人理念的高校思政工作体系创新[J].山西财经大学学报,2023(01).

[84] 李智慧.党史学习教育助力高校立德树人的机制探讨[J].中国高等教育,2023(05).

[85] 黄莉.育人的根本在于立德[J].红旗文稿,2023(02).

三、学位论文类

[1] 潘玉腾.论思想政治教育的马克思人学基础[D].福州：福建师范大学,2008.

[2] 李晓蕾.高校思想政治教育生态系统建设研究[D].哈尔滨：哈尔滨工程大学,2012.

［3］赵健.学习共同体——关于学习的社会文化分析［D］.上海：华东师范大学,2014.

［4］李晓莉.思想政治教育协同创新研究［D］.兰州：兰州大学,2016.

［5］沙金.全面发展视域中的学校体育［D］.长春：东北师范大学,2012.

［6］蔡毅强.高校立德树人系统化运行机制研究［D］.福州：福建师范大学,2019.

［7］闫佳伟.中学立德树人落实机制研究［D］.长春：东北师范大学,2021.

索　引